▲ 2017 年 TED 舞台 ▼ 八台輪椅一起出國

▲ 唐鳳政委 ▼ 第一屆說出生命力工作人員

▲ 名古屋 NIKE 女子路跑

▲ 第二屆說出生命力 ▼ 第三屆說出生命力工作人員

▲ 林岱樺委員合影

▲ 第三屆說出生命力上課花絮 ▼ 與蔡英文總統合照

▲ 黃昭順委員 2014 成為會員

▲ 韓國星巴克

遇見
生命力
跨越平凡的夢想

李秋玉 ｜ 著

目錄

目錄

善行，從善心開始

謝文憲｜知名講師、作家、主持人

你相信緣分嗎？

不是男女相愛的緣分，是天註定要讓我們認識，而且是迸出友誼火花的緣分，這緣分，從某次新竹的課程開始。

我跟秋玉相識於這次課程，現在想起來，課程一點也不重要，重要的是她的真。

認識我的朋友都知道我很討厭假掰的人，秋玉就是那種極為真誠的人，跟她相處不用擔心七七八八的事，「有事好商量，有難一起擔」，是我認識她三年，最想對她說的話。

不用刻意把我捧得高高的，我就是夥伴們的大哥，有事找我商量就直說，無須拐彎抹角，只要我把妳當成朋友，我會盡我最大的能力來協助妳，不行我就會說不行，我也不會給妳極高的期望，最後眼睜睜看妳重摔落地。

說也奇怪，這些我所謂處事的原則，我也沒跟秋玉說，我們就好似認識多年的好友，第一次談事情就能一次到位，精準無比，我想從《說出生命力》第一屆開始說起。

她拿企畫書來餐廳找我，我相信她很緊張，其實她說不到三分鐘我就答應了，企劃內文我也沒什麼看，我憑的是什麼？

① 她在課堂上優異的表現。

② 她大老遠從高雄到台北來找我，只為這件，她眼中的大事，我眼中的簡單事。

③ 她可以讓劉大潭希望工程關懷協會找到著力點。

④ 我可以幫憲福的學員找到展現的舞台。

⑤　行有餘力，幫助別人，是我們共同的理念。

⑥　善行，從善心開始，我可以感受她的真心。

　　以上六點，緣分聚足，一拍即合，相得益彰。

　　說出生命力舉辦三屆以來，我眼見秋玉的努力以及團隊精神的發揮，更重要的是，活動舉辦過程中總是會遇到一些奇奇怪怪的事，剛開始，她總是躊躇不已，但最後她都能夠發揮女性堅忍卓絕的精神，與團隊成員一起搞定，我很喜歡這樣的女性，有想法，有理念，有態度，有柔軟，最重要的是：有善心。

　　我也看過許多打著慈善旗號，大肆宣揚利他，最後都是利己的人，從這本書的出版，我發現秋玉對於所有身心障礙參賽者的了解，以及背後故事的原委，說明的極為清晰，更將當天說出生命力講演比賽現場的氛圍一一還原，她的觀察力與敏銳度，值得讓我深深敬佩。

　　如果過去一段時間，您來不及參與這項活動，或是曾經一度懷疑自己的能力，或是自己深陷泥淖深淵之中，久久無

法自拔，無疑的，這本書將是您的解藥，療癒自己生命的解藥。

　　本書所言，全為真實故事，謝謝秋玉將故事的原委寫出來，我誠摯推薦。

勇敢的故事，給你生命的力量！

王永福｜《憲福育創》共同創辦人知名企業簡報教練

溫暖卻又堅強！是我對秋玉的第一印象！

第一次看到秋玉，是「說出生命力」第一屆的活動。那天憲哥邀我去高雄，說是有一群身心障礙的朋友，正在接受為期二天的演講訓練。第一天先教演講技巧，第二天就要上台，分享屬於每個人不同的生命故事。還沒去到現場的我，只覺得這個挑戰不小，要大家現學現用，不管對講師還是學生，都是一個不簡單的考驗。因為講師們大部份都是認識的朋友，我們去現場跟大家鼓勵一下。沒想到去到現場，我就驚呆了…。

教室裡面的學員，有一半以上坐著輪椅，甚至必需要把身體固定在輔具上，才能維持視線對準講台。有些朋友甚至因為手不方便，必需要使用腳來做筆記。大家都雖然在肢體或行動上有一些不方便，可是卻都充滿熱情，很認真的聽著老師們教學。我心裡面突然想到了國外幾個知名的講者：例如人生不設限的力克胡哲、五體不滿足的乙武洋匡、因摔馬而癱瘓的超人克里斯多夫李維，這些講者都有身體上的不便或障礙，卻能透過演講或出書，鼓勵更多人追求精彩生命的勇氣。現在坐在台下這些夥伴，是不是也會是另一個超人？或另一個人生不設限的勇者？

　　更另外好奇的是：是誰能夠舉辦這樣活動？用這樣正面的態度，幫助身心不方便的朋友們，找到另一種展現生命力的可能性。順著目光往後看，才看到秋玉站在教室後面，客客氣氣的笑著，看著教室裡發生的一切。

　　後來我才知道，安排這個活動，只是秋玉日常工作最一般的挑戰。她擔任慈善協會的理事長，經常需要去募款，維持協會日常的運作。還挑戰一個大計劃，想要幫身心障礙的夥伴建立庇護工場。有空還會帶著行動不大方便的夥伴們一

起出國，讓大家開拓視野，看看世界。而這些極有挑戰的工作，卻是她的日常。

在第二屆跟第三屆的「說出生命力」演講，我有機會坐在台下一整天。到現在我都還記憶猶新。我聽到了眼盲卻跑完馬拉松的勇者、用電動輪椅戰車挑戰金門自由行的勇士、浴火重生的消防鳳凰、用手轉動腳踏車環島台灣的強者。整天的演講裡沒有悲情，卻讓我用一天的眼淚，洗滌了自我的靈魂。聽完之後不僅更有追求生命精彩的勇氣，身邊參與的朋友也都跟我說：「這是最令他感動的一天！」

透過這本書，您不僅可以認識秋玉的溫暖，以及她的堅強。您還可以透過文字，參與精彩的「說出生命力」演講。讓這這本書讓你認識秋玉的勇敢，也相信這些故事會給你力量，也給你堅強！

誠摯推薦！這本充滿生命力的書！

把「爛泥巴」活成「青花瓷」的人

火星爺爺｜企業講師、作家、2014TEDxTaipei 講者

你覺得一位身心障礙者，生命中要面對的最大障礙是什麼？

身為資深的身障者，我可以告訴你，最大的障礙不在克服生活中的種種不便；不在於行走城市面對的高高低低（你知道對很多輪椅族朋友，每天的生活都是一場障礙賽嗎？）；而是怎樣坦然面對人群。

相信我，這不容易，我光學會跟自己和平相處，就花了三十五年。

因此我知道，當一位身障朋友，能夠上台面對群眾，講述自己的故事，那意味他已經接納自己，他穿越了不便，做了很多超乎我們想像的事。他贏過命運，把自己修煉成一位絕地武士。

　　如果你身邊有這樣的絕地武士，你會得到很大的鼓勵。你會深刻明白，命運的枷鎖或許能禁錮你一時，但你永遠能想出辦法掙脫。

　　全台最正的理事長秋玉，非常明白這一點。她知道，能為身障朋友們打造一個舞台，讓他們上台分享身命故事，會是他們生命中一次重要的修煉。她更明白，當這些朋友把故事分享出來，會鼓勵到無數人。

　　秋玉的發心非常單純，行動力超強。她沒人找人，沒資源找資源，連辦了三年的「說出生命力」演講比賽。秋玉踐行了一句話：當你真心想做一件事，宇宙會聯合起來幫助你。

　　我有幸從第二屆開始參與，第二屆我為參賽者們做一場演講。第三屆，我跟著參賽者一起參加培訓，並在第二天擔任評審。兩天的活動，充滿感動。

你首先被秋玉感動，這麼大的場子，她連做三年，而且越做越好，影響鼓舞了無數人。

再來你被工作人員感動。在憲哥和福哥領軍下，憲福育創夥伴無私付出。大家為了讓參賽者能在台上有好的表現，沒日沒夜地陪伴。

然後在演講現場，你則被參賽的朋友們感動。當每位身障朋友上台講自己的故事，真的會讓你哭。你會憐惜、會不捨、會為他穿越一切感到驕傲。

不管是努力學習跆拳道腦性麻痺少女寶儀，坐在輪椅堅持要用歌聲感動世界的政緯，無論如何都要圓一個幸福家庭夢的青琪，連續三年參賽，一個人坐輪椅到金門旅行的彥儒 …… 每一位朋友的故事都讓我濕了眼眶，我只能拼命鼓掌，拼命吼叫。

他們才是真正的激勵大師，他們的故事是用血淚一磚一瓦打造，用壯麗的生命歷程感動你。在現場聽演講時，我有一個很深刻的感受，就是沒有到現場的朋友，真的太遺憾了。

身為這一切的推手，秋玉當然也知道，所以她要讓你了無遺憾（現在你知道最正的理事長，不是當假的）。她把這三年的參賽者的故事，寫成這本書。

　　你當時不在現場，不要緊，這本書會再現我們當時的故時。我們經歷過的澎湃感動，被激勵、被鼓舞，你同樣會經歷一次。

　　那麼，這究竟是怎樣的一本書？它說的，不是一群身心障礙朋友的故事。

　　它說的是一群人，當命運丟給他們一坨「爛泥巴」，他們是怎麼活成「青花瓷」的故事。

全台灣最正的理事長李秋玉

余懷瑾｜高中老師 /TEDxTaipei 講者

　　秋玉是我在王永福福哥「專業簡報力」課程的同班同學，第一天的課程很精實，忙到連下課時間都在討論中度過，我跟秋玉不同組，也沒機會交談，對她的印象就只停留在她是位美麗的同學。第二次上課已經是三週後，每位同學都必須報告七分鐘簡報，秋玉感性的訴說身障發明家劉大潭教授對她的影響，她結束五光絢麗的空姐生涯，轉而加入「劉大潭希望工程關懷協會」。這是我第一次聽到這個協會，也正因為我的兩個孩子都是身心障礙者，秋玉說的話都印在我腦海裡，她霸氣的攫取了我的目光，協會裡對於身心障礙

者的照顧不單單只有關懷，更提供了庇護工場指導身心障礙者生存的技能。我對秋玉的美，不再只是外表而已，是曖曖內含光的，是面對弱勢族群捨我其誰的堅毅與自信，是面對募款難關的也不輕言放棄的勇氣與決心。下課之後，我上網搜尋「劉大潭希望工程關懷協會」，更加佩服秋玉與協會裡為台灣社會耕耘的有志之士。

再次與秋玉見面是秋玉主辦「說出生命力」的活動，這是個為身心障礙人士舉辦的演講比賽，給他們說自己故事的舞台。秋玉堅持在高雄辦在地活動，大型活動勢必需要許多的工作人員，更何況身心障礙者更需要其他人從旁協助，憲哥和福哥領頭的「憲福育創」同學們共襄盛舉，分毫不收，有醫師、老師、治療師、董事長、行銷長、協理、……，來自於不同場域的我們合力把這個活動辦到好，舉凡主持、接待、場務、講師、評審都委託專人處理。秋玉呢？她在台下忙碌異常，每一個參賽者就像她的好朋友，說出口的生命頓挫讓她糾心，講者牽動著她的情緒，講者笑，她在台下與有榮焉；講者緊張她雙手合十；講者落淚，她眼眶瞬間溼潤，秋玉鼓勵每一位講者上台的勇氣，感謝他們勇敢的上台說自

己的故事，一一的向所有工作人員致謝。至於兩位臨陣怯場的講者，過不了自己這關而選擇坐在台下，秋玉的溫暖不曾減少。

那一次的票賣得不如預期，但比賽現場熱情如火，我們這些深受感動的義工，不時熱淚盈眶，感謝身心障礙者的現身說法，感恩自己的幸福。更感謝秋玉帶著我們成為局內人，貢獻己力。這就是我認識的「劉大潭希望工程關懷協會」理事長，她在我心裡是全台灣最正的理事長，做善事不落人後的義無反顧。

秋玉發願寫下在協會裡的經歷，記錄生命淬鍊的故事，這本書適合生命過於穩定的人看，適合生命低潮的人看，適合生命遇到轉折的人看，看完這本書你會發現生命雖渺小卻美好，值得我們好好珍惜，行有餘力，扶助弱勢。

感動而溫暖

周海戚│知名部落客 冰與火

　　第一次看見秋玉的時候，我還記得她穿的光鮮亮麗，我
直覺認為她與慈善是兩個時光，充其量只是做好玩的而已，
但隨著認識她的時間愈久，越發現這位小姐有過人之處，對
我來說從事慈善事業，要嘛就是沽名釣譽，要不然就是一個
傻子，這幾年的相處下來，我常看著她忍著痛苦為了基金會
東奔西跑，說穿了是弄的灰頭土臉，她最常出現的神情是先
哭再笑，我很少見過那麼直率且單純的人，她的心中就是為
了那群夥伴可以有更好更安穩的環境而奮鬥，明明自己不缺
錢，而且還要常常拿自己的錢出來倒貼，更重要的是還要忍

受別人的冷言冷語，但秋玉總算是一路走過來了，我從未參加過說出生命力這個活動，但從這幾年認識這位小姐的過程中，我看見她擁有我們現代人最欠缺的『熱情』與『誠意』，她用她的時間與精力成就了協會、幫助了很多弱勢的朋友，她是一個認真、真實、溫暖的人，我非常榮幸可以為她寫新書的序，雖然我的字數不多，但我可以說她的人就如同這本書一樣，誠實而堅強、感動而溫暖，希望各位能夠拿起這本書好好的品味，祝福各位！

煩惱即普提・障礙生勇氣

葉銘進｜葉銘進律師事務所　負責人

會與劉大潭希望工程關懷協會結緣，都是自稱全台最正的理事長李秋玉小姐帶來的福音，讓我有機會參與協會的一些事務和擔任第二、三屆「說出生命力演講比賽」的評審。

秋玉在這本書把已舉辦三屆「說出生命力演講比賽」的參賽者的故事寫了出來，也寫出她自己的善感。所有的參賽者無論是先天或後天的因素所造成身體的缺陷，都曾經從人生谷底爬到一座山峰，當他們站上演講台的那一刻，侃侃而談的是親身見聞感受過的風景，那風景裡有血有淚、有苦有甘、有甜有澀、有悲有歡，是生命的體驗也是生命力的展現，

到達山峰就比別人多了一段人生，回首來處，也無風雨也無晴，態度已經成長了高度，視野遼闊，霧散雲清。

　　山不轉路轉，路不轉人轉，人不轉心轉，心不轉念轉。心念所呈現在外的就是態度，其實身障者或多或少都伴隨著心理的障礙，如何面對自己和家人甚至是陌生人等等問題，這時候決定往後的人生最重要的關鍵就在於選擇什麼樣的心念態度，這是需要選擇的，並且對選擇的後果承擔一切。逃避問題是一個選項，經驗告訴我們那是一條走入問題迷宮而無法解決問題的路；當然，面對問題是另一個選項，然而這將會是一條充滿考驗且艱難重重的路，但只要堅持到底不放棄，不斷出現的煩惱，必將讓你激發普提智慧來解決，隨時遇到的障礙，也必將使你生出力氣來克服，然後你會發現你改變了，改變了你的世界。

　　與其說「改變」，我更喜歡用「轉變」這個詞，因為「轉」的概念有更大的思維空間和時間，在轉的過程中可以看到每一個角度對應出去的外在人事物，同時也可以觀照自己內心對於不同外在的反應，甚至可以轉移到其他時間點來設想一切。用轉變畫出一道屬於自己的弧線，那將會是比流

星的尾巴更璀璨、更恆久的光景，這是我對所有選擇走向面對問題這條路的朋友們的敬佩和祝福，同時也是對和我一樣的「直立人」們的勉勵，當你旋轉時或許會感到地球也正跟著你一起旋轉（地球本來就在旋轉），並不孤單。

其實秋玉的夢想正逐步的在蛻化成幸福，不管是平凡或不平凡，全台第一座「無障礙庇護觀光工場」的完成已是指日可待，真心期盼秋玉的這本書能引發更多對於身心障礙者的觀注，進而投入參與，是樂為其書序。餘興未盡，再言：

風雲一色秋，

天人共引玉。

死亡並不可怕，可怕的是沒有認真的活著

王啟圳｜王家建築師事務所　負責人

這是翅膀男孩林政緯，在他說出生命力演講中，在一開始就震撼人心的一句話，因為這是直指人心的一句話。當下，令在場的人皆思考我們是否有認真的活著，有把握時光，發揮上天給我們的資源，為他人利益，以及自我的實現而活著。

這一群社會上所謂"行動不便"者，在當時劉大潭希望工程關懷協會理事長李秋玉女士的邀請下，說出了他們"不便"的故事。在當中有的人生來即面對不足，有的人是在意外後產生不便，他們都經歷了不同的掙扎、痛苦、憤怒、恐

懼、怨天尤人、自暴自棄，甚至有人自殺未遂，想徹底放棄自我。但經過無數次重建，在或長或短的時間之後，又在親人及朋友的支持下，才跌跌撞撞地重新練習站起來，或是半遮半掩的走出來。其間每天經歷大量的失敗，面對無數的眼光，以及算不清的酸言酸語。自身不足的壓力，加上不知就裡的旁人誤解的雙重夾擊下，情緒的燥動，情感的激動又令他們在重建自我的過程中，陷入無限的煎熬及自我控訴。

然而，當天他們能站在台上，我看到的是生命的鬥士、生活的勇者。他們分享出他們生活上的不便，卻產生無與倫比的勇氣；他們說出了他們生命的缺陷，卻又拋出了發人深省的智慧。他們曾經身處死蔭幽谷，卻不怕遭害；他們曾經被社會遺忘，但卻走出來，以熱情的心、積極的"行"動力，重新"站"起來。並以自身的苦難，投入社會，鼓勵曾經遺忘他們的大眾。每一個人的故事，皆是他們"走"出來的。原本看似步步艱難的路程，在他們的分享及見證下，又似是步步為營，安步當車。

筆者，當天是何其有幸，能躬逢其盛，但當評審，又實為汗顏。因為對照在我生活中，面對工作的曲折、創業的艱

辛，所產生的自嗟自嘆、裹足不前，在他們的故事鼓勵下，令人又產生了面對困難的動力及勇氣。他們是我信心的榜樣，希望的同伴，更是令我明白要以愛面對人間的典範。

相信，讀者也可以在他們的故事中，在失意中，重新定出自己生命的坐標。

永遠地往自己的目標前進

楊坤仁 │ 高雄榮總急診部主治醫師

看到秋玉的出書,這三年來的經過,就像是電影一幕一幕地又在眼前重現。

第一次見面,當時彼此還是高鐵上的陌生人,沒想到卻因此一環扣一環。三年來,我們一起上課、一起經歷三屆的說出生命力,還聽著她講著庇護工場的經過、韓國慶洲馬拉松的遭遇、贊助商的驟逝...。這麼多的故事不同的是各自的內容情節,但相同的卻是:沒有一個是好頂的。但每次秋玉講這些故事時,我總是看到她的眼神散發著無比的堅毅與信心。

我很難想像曾經是位醫療人員、曾經是位空姐、曾經月入百萬的秋玉，就這樣放下光環而從事公益，而這所謂的公益，也不是像一般人捐個錢而已，她的公益，是創立協會、開庇護工場、辦學習活動。她的公益，是直接走進生活不方便的朋友中，教這些朋友生活技能，讓大家有生存能力。也因為這樣的她，讓我們也願意全力支持她的活動。

　　記得有一次，她要在一百多人的場合講 15 分鐘的分享。當時她剛經歷庇護工場以及韓國之旅的挫折，然而這段演講卻隻字不提這些辛苦的經歷，而且還把時間讓給兩位行動不方便的朋友，由他們上台分享。

　　「妳怎麼不提妳這些過程讓大家知道呢？」我這麼問她。

　　「我個人的辛苦沒什麼好提的，能夠把舞台分給他們，這才更值得。」她輕描淡寫的，風平浪靜，似乎不曾發生什麼大風大浪似的。

　　兩年後，我又聽了秋玉在台上說了「白馬的故事」，是的，秋玉就像這匹白馬，永遠地往自己的目標前進。這就是

我認識的秋玉，這本書《遇見生命力～跨越平凡的夢想》，是秋玉這幾年來的點滴歷程，推薦給每位有夢想的朋友！

放棄夢想，生命才會殘缺

戴大為｜成大醫院骨科部主治醫師

秋玉一路走來，就像是一部汗水與淚水交織的電影。這本書，就是她自己的故事。

四年前，秋玉接了劉大潭希望關懷協會的理事長後，在資源匱乏的情況下，硬是拉開了「說出生命力」活動的序幕。這個活動主要是訓練身心障礙的朋友表達及演說技巧，讓他們可以上台說出自己的故事。

上台演講或做簡報對我來說是工作的一部分，從來也不覺得有什麼特別的意義。直到我擔任說出生命力活動的第二

屆總召，我才知道，故事的力量比我們想像都還要大，影響都還要深。參賽的朋友在準備故事的過程中，有機會和自己對話，讓自己未來的路更清晰。

有人在活動後，再度重拾自己年輕時的夢想，出國旅遊。國榮大哥脊椎損傷後，十多年足不出戶，直到這場活動改變了他，讓他可以放過自己，不要再跟自己過意不去。看不見的冠霖，透過不斷的練習，甚至出國參加馬拉松比賽。晉緯聽不見，但是用長笛冠軍來證明自己。

謝幕之後，我看見的是秋玉背後默默奮鬥的故事。身為理事長看似光鮮亮麗，但其實「校長兼撞鐘」，從募款到大大小小的瑣事，都要親力親為。我曾經想問秋玉：「到底是什麼動力支持妳一直留在這麼累人的工作？可以無怨無悔替身障礙朋友們付出？」

我想我在這本書找到了答案。

身體殘缺，並不能阻礙夢想的追尋。唯有放棄夢想，我們的生命才會有殘缺。

這本書就是秋玉以及許多生命勇士追尋夢想的故事。誠摯推薦給您！

看見生命的奇蹟

吳淋禎｜澄清綜合醫院護理長

「我認識的貴婦常常常在喝下午茶，為什麼很少看你跟人家喝下午茶啊」？「喝下午茶可以得到快樂嗎？每天比行頭的生活好無聊，幫助身障者，看見他們用自己的力量站起來比較快樂，這種快樂才可以快樂很久，終生難忘」！這是我和秋玉認識一個月後的對話，當時我看著眼前這位光鮮亮麗，聲音宏亮，動不動就要跟人擁抱的「貴婦」，我覺得他「怪怪的」，至於哪裡怪？剛認識他的我也說上來。

2015 年 9 月，秋玉專程從高雄北上跟大家報告他想要為身障朋友辦「說出生命力」的活動，那天在餐廳裡冷氣很

強，但秋玉眉飛色舞的熱情，就跟 9 月的太陽一樣炎熱，謝文憲憲哥聽完他的理念和計畫，大概只思考了三秒就說「沒問題啊，我們大家一起來，ok 的」，就這樣，12 月第一屆說出生命力活動展開了，當時我們所有工作人員大約 10 個吧，大家平常各自有工作，下班時間就是說出生命力活動的工作時間，有句話說「天使不敢走的路，傻子一步跨過去」，以前我覺得不可能，後來認識了秋玉，我才發現世界上竟真的有這樣的傻子，但這股傻勁好可愛，可愛到我們大家都卯足全力跟著他拚了！

一轉眼，說出生命力已經辦完第三屆了，工作人員也從原本的 10 人增加到 40 幾人，身為身障協會的理事長，秋玉陪著身障者走過他們以前沒想過、不敢想的路，幫助很多身障著從生命的幽谷中走出來，有人因為這樣從封閉了 10 年的房間走出來，有人因為這樣踏出國門完成出國的夢想，有人因為這樣從不能騎車到騎車環島，秋玉陪著他們哭，陪著他們笑，甚至陪著他們做了很多瘋狂的事（例如韓國路跑、看極光），這一路上的快樂是有的，但風雨沒有少過，每當我問他「幹嘛要這麼委屈」？他總是說「沒關係，事情

圓滿就好」，每當我問他「這樣幫他們，不累嗎？」他總是「我曾經以為我在幫他們，後來我才知道是他們在幫我，他們讓我看見生命的奇蹟，我不累，很快樂！」

「他們讓我看見生命的奇蹟，我不累，很快樂。」我也在秋玉身上見證了「努力加上堅持就可以創造奇蹟」。

一路向前走的傻勁

劉祥德｜wee 聯合辦公室　創辦人

2018 年的 3 月有一次秋玉心血來潮告訴我，要帶我去看一下旗山糖廠的庇護工場基地，協會已經花了 3 年多的時間還沒有成形，請我幫忙看看有沒有什麼想法關於這個庇護工場。一路上她娓娓道來，協會怎麼成立經過哪些困境，做了哪些事情，其實我腦袋是一片空白的，我的房地產經驗都以商業為主，對於公益根本沒有想法，庇護工場也是第一次聽到，再一次我變成房地產的門外漢。到了基地一看滿地雜草的廢棄賽車場，3800 坪的大空地，怎麼變成一個讓身障弱勢夥伴們的安身立命的場所，我告訴秋玉這太難了！這

20畝的土地我的經驗是變成 6～7000 坪的賣場，其他的面積賣掉換現金，以商場方式經營來換取利潤，這還是上市公司的作法，「公益」怎麼來經營這一大片的土地！秋玉說唐鳳政委來看過了，指示專案處理，而且一半做長照已經有合作對象，庇護工場也有可以主導的團隊，黑糖博物館也有雛形了，為了協會為了一群身障的夥伴，她必須做下去，堅定的告訴我。

時間一天天的過去，似乎沒有那麼順利，合作方慢慢的退出，重新檢視了整個合約，其實成本很高，即使有再多的補助計劃也不容易完成，這 4 年來光權利金及租金就已經超過 1000 萬了，我勸秋玉停下來吧！她總是含著淚水說，都走到這裡了，哪怕有一點點的希望，都不能辜負大家對她的期望，這場抗戰就像日軍在中國領土上打仗一樣，雖然一路打勝仗，但戰線實在太長了，長到無法想像更無法負荷，原贊助商的官司及合作廠商的訴訟都沒擊敗這個的團隊，台糖的強制支付命令成了壓倒駱駝的稻草！回到我們能做的吧！這麼大的案子先放著吧，協會可以用別的形式來幫忙身障夥伴們，我們來扛，我們扛的動的就好，秋玉的淚沒有停下來

過好久好久。

　　協會培養了很多生命講師，透過他們的生命的故事來讓這個社會有更多的光明面，讓更多人看到希望。而這些培訓的過程主要來自3屆的說出生命力，每年近百場的生命教育演講的邀約可以感染好多人的正面迴響，幾經波折終於可以進行第四屆的說出生命力了，讓這個正面的力量可以繼續的推進，佩服秋玉的歡喜做甘願受，這麼難都堅持要繼續走下去，謝謝憲福育創團隊的所有參與人員。說出生命力不僅僅說出了生命力，還說出了秋玉理事長的努力與艱辛，誠摯推薦本書要大家一起來體會如何跨越平凡的夢想。

自序

滿滿的正能量

李秋玉｜社團法人高雄市劉大潭希望工程關懷協會 理事長

終於寫完全文，有信心的可以交稿。這2年來的我，真的不是用「辛苦」二字可以形容的。

首先是官司打了2年，終於有點眉目知道該怎麼辦？即使這個過程，我對被告充滿了許多的不諒解，終究化做感謝與感恩。因為當初如果沒有賴董的第一步就不會有我們後來的每一步，感謝有他在一開始的大力作為，也希望未來在校園貨櫃計畫一案上能夠將他的大愛落實到偏鄉孩子的身上。

再來是理事長交接可以拖上一年，我真的也是醉了。

雪上加霜是這一年來內憂加上外患是讓我動彈不得的最大主因。遇上錯的人不僅僅付出慘痛的代價，更恐怖的是餘波不斷。也在這一個事件中得到最好的教訓，人生不是得到就是學到，能夠撐著不倒，是我在說出生命力的夥伴中得到最大的力量。

台糖查封我的房子，這一件事情是讓我決定奮力一戰的最主要關鍵。如果我閃不掉，如果我逃不了，那就直球對決吧！

這 2 年來不管用了多少種方法，不管開了多少會提案被否決又重新再來，不管付出多大的代價，我都堅持走在對的道路上。一旦走偏了，不但過去所做的都會否定，也讓曾經公益相挺付出的志工團隊們蒙羞，對不起良心的事，我做不到。

即使苦了自己，曾經口袋裡剩不到一餐飯的錢，我仍然堅持公益之路要堅持下去。這一次的翻轉，我相信為協會的未來帶來良好的契機。我也相信經過這 1 年多的盤整，現在的我們更具備長期抗戰的能力。庇護工場可以為很多身心障

礙者帶來新生的希望，我以及劉大潭協會的所有理監事們，也會努力完成這個幫助人的夢想。

經歷許多的挫折，我能夠撐下來完完全全靠著說出生命力這些激勵人的生命故事，也希望這 18 位生命鬥士的故事能夠讓你得到滿滿的正能量。

感謝有你們的陪伴，我們才能走到這裡。看看我們精彩的故事，給我們熱情的掌聲，讓我們堅持下去。

Chapter 1

全台最正的理事長

1.1 很高興認識你

從來我沒有想過因為聽了一場演講能夠帶來這麼大的改變？

我是一個生平無大志的平凡女性，活在父母的期望符合社會價值，高雄醫學大學畢業，加拿大進修 EMBA 順利取得碩士學歷。做過空姐，高考及格，幸運地嫁入豪門，也順利生了一對兒女。當了好多年在醫院工作的公務人員，有一天我突然茫然於我的人生好像沒有做過自己就快要結束了。我總是當父母的乖孩子，公婆的好媳婦，先生的好太太，孩子的好媽媽，我困惑著我在哪裡？我的 24 小時都在扮演著別人期待的我，我的選擇也在大家的殷殷期盼之下順理成章的選了他們的選擇，這樣的我也沒有不快樂，只是，我想順著自己的心意，好好的拼一場。

我毅然決然的放棄了穩定的醫院工作職場，我的辭職引來眾人嘩然。

小到院裡打掃清潔的阿嫂，大到醫院的院長，每個人都

來問我為什麼這麼想不開？我卻像終於可以打開鳥籠大門往自由天空飛翔的小鳥般，只有雀躍的喜悅，聽不進任何有關社會黑暗人心險惡的諫言。

初做業務工作，困難當然有的，也有很多的不適應，還好我有一股不怕難的韌性，當我被刊登在媒體行銷尖兵的採訪，許多祝賀、恭維，讓我深深相信這個選擇是正確的。業務工作講求的是一次次的突破，追求的是一次次更高的業績數字。每一次的業績達成伴隨而來的是一次次更大的空虛。業務工作我以為只要將客戶搞定，業績達成，沒想到主管為了自己的利益，竟然陷害我於險惡之中。

我的低潮，將自己困在籠裡，什麼事都不想做。朋友邀我去聽劉大潭教授的演講，從來只有絢爛可以吸引我的注意力，大潭教授的演講沒有任何的燈光影音特效，一支麥克風和一張嘴，說著他的人生故事，一字字一句句講的我淚如雨下。是什麼樣的生命動力可以將這種殘缺的人生說的這麼的美好，我好慚愧，我好手好腳竟是這樣的揮霍屬於我的幸福青春。

我開始熱衷著夢想的執行，公益的工作讓我常常看到的是殘缺，是不足，心裡卻是滿滿的感恩，我擁有的是如此的豐盛。因為感恩，因為付出，所得的是更多的。心靈的滿足會決定口袋存款簿的數字，我相信一切都是最好的安排。

　　一場演講從生命的低潮走到人生的富足，奇蹟的發生都在你我的一念之間。

　　2011年4月這一場演講在我心裡埋下一顆希望的種子。

　　經過3年的努力在2014年6月28日成立了劉大潭希望工程關懷協會，希望藉由協會的成力幫助更多身心障礙的弱勢族群發展技職有一技之長的工作能力。

　　初當上理事長每一次在交換名片的時候我最常聽到的一段話是：

　　「理事長年輕又漂亮」我心裡常常出現黑人問號？

　　「為什麼要特地這麼說？」

　　原來很多人都說一般能夠作公益的年紀出來擔任理事長

都已經有點年紀了，能夠像我這樣的人不多。

從此以後我都這麼介紹自己：我是全台灣最正的理事長！歡迎你一同加入年輕活力的團隊。我們將嶄新的創新理念加入公益的團隊中，讓身心障礙弱勢族群也可以有新的生命力。

1.2 送我自己的生日禮物

每一年我都會藉著生日的理由送自己一份昂貴的生日禮物。這一定是平常捨不得買的，覺得應該要重金達謝自己這麼努力的一年，只有在趁著生日的時候，我才下的了手對自己這麼好。

自從擔任理事長以來，我常常需要在資訊不對等的情況下，我就得下決定。我根本就不知道這個決定是對是錯，是該怎麼判斷？當然有核心價值不至於太偏差，

「那能不能更好？」我常悶心自問。

如果每次只能憑運氣，就像摸著石頭過河的狀態，比瞎

子還像瞎子。作為一位領導者，我必須誠實的說，我非常的心虛。

我想去進修學點東西來幫助我的判斷，我下意識默默的這麼盤算著。

周末的早晨不想起床，在床上漫無目的的滑著手機，我看到我常期關注的一位講師謝文憲憲哥在臉書上發文。說來我和憲哥的互動，也是很妙的一個過程。我們甚至不是臉書好友，他的好友人數早就超過了 5000 人根本加不進我。我只是一個潛水在他臉書看動態兩年多的觀察員，我甚至不曾留過言。

他的動態會讓我停留多幾秒，我想是因為他作的事情，特別的吸引我。比如說：他有很多的獎盃獎牌獎狀卻不曾看他對這些曾經的成就歌功頌德；又或者他是專職的講師，我好難想像：這年頭講師居然可以「全職」當飯吃。

那天他寫了一篇文說，幾乎都在企業講課的他，難得的要開班授課領袖崛起說出影響力。我來回的看了課綱、上課內容還有價錢，這大概是當時我上過最貴的課程，但是有早

鳥優惠還可以兩人同行更便宜，殘殘的決定就是這個了，當作我的生日禮物。

我送給我自己一份超級昂貴的課程，不過還好報名的早，現在同樣的課程，早以是天價等級了。不過，不巧的是這課程分兩天上課第一次上課是講理論，相隔一個月後第二次上課就是真實的演練。第二次上課的日期，剛好遇到我要去馬拉西亞出差回來，回台灣的航班是當天早上八點抵達桃園機場，我一下飛機就得立刻馬上趕到新竹喜來登飯店上課，我計算了一下距離時程，抵達上課地點的時間也應該已經中午了。

「要不要上課？」「要不要換下一次再報名？」這問題在我心中糾結著。

人生不是常常面臨這種選擇嗎？

可是每一次的下次就永遠有下一次的等待不是嗎？

我給我自己的思維方式是就算 60 分低空飛過都好過沒有參加考試。我和憲哥討論後，雖然會缺席半天的課程，我

還是報名了，因為機會真的難得。

下一次不知道是什麼時候了，擇日不如撞日吧！

還好當時一個倔強的決定，這個課程不僅造就了我在口語上的表達日益精進，更在日後成就了三屆的說出生命力講演活動。

有時候就真的不要想太多，作了再說，沒有所謂的完美，當下就是最好的時刻。

1.3 希望天使動土典禮

庇護工場這個願望真的是一件很不容易的事，在這些不容易中又常常出現很多貴人給了不可思議的轉機。有的時候不一定是金錢上的協助，在人事或是在事情上面的成就，都會帶來不可思議的效益。

在當時一位台中一員候選人的幫忙，小英總統候選人順便來到了大潭教授的工場參觀，讓我有機會可以用簡短的五分鐘說明庇護工場的願景，並且送給小英總統候選人我們的

新書「天使不作的夢」。當晚新聞一出來，我接到很多過去的同學朋友的電話，不論是給我加油的鼓勵還是願意一同加入的力量，真的帶給我很多的正面的能量。也因為有這些能量的推動，總能夠在低潮的時候給自己堅持下去的勇氣。

蓋一座庇護工場是成立公益協會來最大的終極目標，找地的過程很不容易，遇到了重重關卡與阻礙。終於在旗山糖廠找到了一塊地也符合我們要的條件。更大的問題來了，地找到了卻沒有足夠的錢，可以繳交台糖的權利金。這時下的光景，要找錢就更不容易。

剛好聊天聊到這件事，我把這個問題跟一位很照顧我的獅子會會長姊姊說。這位會長姊姊二話不說的先借了十萬給協會應急，然後交待我明天早上九點打電話給他公司的總裁，總裁平日最是熱心公益請他幫忙應該沒有問題。

第二天一早九點十分會長姊姊就問我打電話了沒？

我說「沒有！我還在掙扎。我不敢跟人家開口借錢。」

沒想到，會長姊姊居然說：「為了這麼大的夢想，面子

不重要。心裡想著你要成就的事，你就可以作到。」

雖然這位總裁沒有借錢給我們應急，這一課倒是讓我學習倒不少。

我沒有大富大貴，倒也沒有為錢煩惱過。這麼大的資金運用倒是頭一遭，說到公益，都是先讓自己溫飽了，有多的再去付出。我卻是身先士卒，把這些公眾的利益之事放在我的溫飽之前，我常常覺得有這麼多人的幫忙，無論如何都不能讓人失望。再怎麼難，我都說不出口放棄二字。

可能上天也有看到我的努力吧！皇天不負苦心人，終於在快要絕望的時候又出現了一絲的希望，一筆大額捐款如同天降甘霖的解了燃眉之急。

我們終於要開心的辦喜事了！

動土典禮訂在 11 月 17 日，挑這個日子 17 象徵著一起的意思，希望大家跟我一起來迎接這個好事，一起來成就。在動土典禮上有一個土堆，準備了 12 隻的金鏟子祝福好事成雙，祈求順利圓滿。綁滿了紅絲帶，就是一個要「紅」運

當頭的運勢。

這一天來了好多好朋友，台中德大機械黃耀德理事長當天要從桃園機場出國早上還是特地包車來到高雄旗山希望工程的預訂地。地方首長、社會局、還有協會的支持者都遠到而來，我的好姊妹在沒有通知我的情況下，來給我大驚喜。這些點點滴滴的感動，至今都深深的印在我的心裡。

我相信在公益的道路上，辛苦的必然，努力的當然，所帶來的就會是成功的偶然。

▲ 動土典禮

1.4 夢想中的學習

自從報名憲哥的課，每天都很期待著等待上課的日子。還沒上課前我們已經有個社團，天天在討論著自我介紹、討論著交通工具怎麼去、要不要共乘？這些溫暖的同學們讓很有社交障礙的我，覺得很暖心，甚至原本高雄北上的同學原本要約一起開一台車去新竹上課，憲哥還在社團裡提醒大家安全第一。雖然最後作罷，但對於還沒上課就有這種熟絡的互動印象深刻。

上課的這天來到，光是想到要跟連絡很久感覺很熟悉，卻未曾謀面的同學們見面就覺得很興奮。一上高鐵就有個人回頭看了我好幾次，我完全沒有放在心上的繼續做我的事、看我的書。

一直到下車大仁哥走到我旁邊說：「請問你是秋玉姐嗎？」

我才恍然大悟的笑著，真不好意思！這麼慢才回過神來意識到，怎麼沒提早相認呢？

一進開始就是震撼教育介紹了當天課程的進行方式，各小組在每一個分賽中要推派代表上台，一人一項。當然愈後面上台的人題目一定是愈難的。

對於很久沒有出來上課的我，我有一點應付不暇。不過既然已經來了，我也沒有太多的想法就好好的參與吧！

自我介紹的時候，我還記得我說喜歡自我挑戰跑馬拉松並且立志明年參加名古屋女子全馬馬拉松拿到傳說中夢幻的 Tiffany 完賽獎。

我以為這是我個人小小的平凡無奇的願望。

當大家齊聲喊出 123，手指頭指向一個人擔任總經理的人選方向，我被嚇到了一陣驚恐，怎麼會選我呢？

我們這組裡面有骨科醫生也很厲害啊；還有自創品牌能烘咖啡豆的更厲害；還有已經在當講師的人才；小鮮肉又年輕又肯好學；怎麼樣都輪不到我吧？

原來在大家心中能完成馬拉松 42 公里的全馬賽事是一種不簡單的目標，我也只是當作目標，在當時的我能跑完半

馬就 21 公里，就很了不起了。

當總經理就是要能「識人」在每一個短講的比賽中選對人上台。好吧！這應該不會太難吧！而且我還有一群很優秀組員，大家有個商量的對象，那就我來吧！

短講就是設定時間在 7 分鐘內完成一個題目的論述，如果超時講的再好，也是扣分！對於習慣演講侃侃而來的我，「限時」成了我的必死罩門，我抽中的題目是如果可以選擇一部電影當主角我會選擇哪一部，這一題剛好推派到我，上台時腦袋一片空白。

我開始暖身的說到，如果要選一部電影，我會選茱莉亞羅勃茲「絕不妥協」第一是因為我像女主角一樣正我是全台灣最正的理事長，第二是我也有個絕不妥協的目標我要挑戰 42 公里的全馬賽事。

話閘子才剛剛打開，講的正開心我，居然沒有看到時間到時的舉牌。

憲哥說：好，時間到！

我就這麼被趕了下來！

我這麼會講，面對「短講」有著無法跨越的鴻溝，很容易就變成「亂講」！

這種緊湊度才剛剛上完課，老師示範給你看。然後馬上同組演練，組員給意見，馬上上台示範。這種課程強度之強，心臟要夠力，你所承擔的壓力也會立刻變成學習成果回報你，讓你的「知識庫」立馬滿血，收穫滿滿。

上完一天的課程，坐車回高鐵大家好熱絡的討論著上課的情形。如何改善會更好，我的同學們各個是神人，這麼強大壓力的課程也是甘之如飴。至今這課程兩年已經過去，我到現在都還記得嘉君姐說在 7-11 上班開物流配送大車單親媽媽的故事。說話課的魅力就在於教你簡單的公式，套用公式你就可以找到一個核心的表現方法。即使只有七分鐘的時間也會讓對方記得一輩子。這就是說出影響力的課程，我收穫最大的所在。

1.5 說出生命力的初衷

第二次上課是演練，早上五點多的航班九點抵達桃園中正機場，我才剛剛從馬來西亞搭機回台，然後火速飛奔到新竹繼續上課。如果不是求知若渴，哪來的動力跟勇氣，可以這麼做啊？

到新竹上課的飯店已經是中午用餐時間了，好大的手筆我們的午餐居然吃五星級的自助餐，我旅途勞累再加上我對講稿不熟演練的壓力，讓我完全沒有食慾，喝了兩杯果汁就準備回教室準備了。

我以為我是最早進教室的人，結果已經有人拿著麥克風在練習。現在是有必要搞成這樣嗎？不過，就是一堂課演練而已。沒錯，這就是憲福育創最可怕的地方，什麼都來真的。而且是40%的把握就衝了，200%準備才敢站在台上。

師父帶著做，大家都會跟著做，久了就成為一種生活的日常，後來就變成了一種傳承。

如果把這七分鐘當作一種表演，起承轉合怎麼樣掌控觀

眾的喜怒哀樂，變成一件很重要的事。講親情，很容易打動。重點是你要控制得了自己的情緒，這是很大的挑戰。但是講一些無關緊要的事情，如何與觀眾取得共鳴，又會變成另一個課題。

我不想講親情，這一點我很弱。我和大家分享，我如何走上公益這一條路。我一站上台上，拿著麥克風就彷彿有聚光燈打在我身上。我的心理障礙在那七分鐘，完全不屬於我。

你有沒有聽過一個駱駝的故事：

小駱駝問：「爸爸、爸爸、爸爸，我背上這兩個高高的小山峰是做什麼用的？」

拔拔說：這麼重要的東西，你怎麼會不知道呢？當我們橫跨薩哈拉沙漠的時候，這麼炎熱的天氣大家都會渴死。我們這兩個小山峰就是我們的儲水槽，讓我們有一個比別人更容易在酷熱的天氣裡活下來的秘密武器。」

「喔喔喔！原來如此！」

「那我眼睛上這個長長的長睫毛是做什麼用的呢？」

拔拔說：「這更重要了，你怎麼會不知道這是做什麼用的！當我們橫跨沙漠時，多變的天氣會揚起沙塵暴。這會讓我們迷失方向。這長長的長睫毛就像汽車的雨刷，可以讓我們阻擋風沙的侵襲不會看不到前方的路。」

「真的好厲害喔！那為什麼我們現在在動物園裡？」

故事一講完台下的觀眾就笑了。哈哈哈，這笑聲代表著我的開場成功。我繼續說著我的短講內容，最後我還記得用金句結束：伸出我的手握著拳頭，拳頭向上。

在臥虎藏龍裡有一句話是這麼說的：

「當你握著拳頭，裡面什麼都沒有；當你打開雙手，世界都在你的手裡。」

用我最燦爛的笑容說：謝謝大家，下台一鞠躬。

有那麼一瞬間，我覺得我可以去報名 TEDxTaipei 了！這樣的短講堪稱一種表演，對於如何掌控觀眾讓他們上鉤我

很有領會。得獎名單公佈，猜一下我有沒有前三名，當然沒有啊！我的老師很厲害，同學更是佼佼者。這是一種百萬買房、千萬買鄰的概念，同學才是陪你走長久的夥伴。

對於名次，我沒有太失落。我立刻想到的是這麼好的課程，如果可以運用在身心障礙者身上一定可以讓更多人受益。說故事，這種能力看似簡單，其實學問很大的！給身心障礙者一個專業訓練，讓他們可以去學校演講，跟學生分享生命教育的意義，讓身心障礙的朋友有一份收入，學校的生命教育可以有一個良善的啟發。

這麼好的事我馬上想到跟憲哥，約一個時間給他一份計畫書。

我的計畫書的企劃這麼寫著：

你想說，卻沒有方法。

給你訓練、教你技巧，說出你的生命力！

如果不說，你可能忘了那一場意外所帶來的衝擊

如果不說，你可能不會明白所發生的一切是一份偽裝的祝福

說出你的生命故事，說出你的力量

說出這一份愛的禮物

說出生命力～八分滿，說自己愛自己

人生八分最滿！

不足八分，過虛，超過八分容易自得其滿，所以八分最剛好～！

用八分鐘，講演自己的生命故事，不是悲、不是憐，是期許、是希望、是出發！

懷著忐忑的心來到台北和憲哥約在夢想 38，那天還有一個現場錄製的節目「憲場觀點」，我當現場觀眾觀摩憲哥在短講上的大師風範。那天的節目一次錄四集，最後還有一點時間準備多錄了一集。重點是沒有準備題目，現場讓觀眾舉手看大家想聽什麼題目，就像對歌手點歌一樣。

天啊！如果沒有實力，這真是一個找死的境界。

五分鐘決定了題目，現場開始錄影，沒有 NG、不能重來。馬上想馬上講，已經不是用佩服來形容。連連的驚嘆聲，怎麼能夠說的這麼好啊？

錄影結束後，和當時剛剛上完說出影響力的同學們找憲哥合影。在拍照的那麼幾分鐘，憲哥仍然不忘交代我們：

「我剛才所使用的技巧就是先給觀眾一個笑點、再設計一個爆點，然後收鉤子。」這是一種「一日為師，終身為父」的概念吧！

等待人潮散去，我拿出我的計畫書跟憲哥說，我想要舉辦一個說出生命力的講演比賽。對象是身心障礙者，心裡還在盤算我要怎麼把願景說的更偉大一點。

憲哥就答話了，秋玉這個提議非常棒！可以做！我來號召你們這一期的同學大家一起幫你做，要支援什麼跟我說一聲。

什麼？就這樣？我話都還沒說完，憲哥就答應了。

第一屆說出生命力講演比賽就這樣展開序幕了！

1.6 我真的好想放棄

我以為萬事起頭難，沒想到起了頭，那個困難還是死命的纏著我，根本沒有離開。單純的起心動念想要辦個身心障礙者參加的說出生命力講演比賽，希望能夠造福身心障礙的就業機會，學校的生命教育演講。我都已經得到謝文憲大師的首肯以及說出影響力同學無償出錢出力的支援。

實際上的問題，會是在高雄辦活動真是比登天還難。小小的協會有著大大的夢想，沒有名氣要怎麼開始。連要找人來報名參賽都難啊？

協會有一位員工過去有在點燈工作服務的經驗，從活動一開始的活動執行便是由他一手策畫隨著要舉辦活動了他卻說我不想找錢作贊助其他我都可以做

舉辦一個活動最重要的就是要「有錢」，不找贊助沒有錢，就算有人來參加比賽，也要有觀眾來觀賽，也要花錢租

場地啊。沒想到這位老兄在活動前幾周說「不幹了。」

「不幹了」三個字多容易，你知道這背後牽扯多少人，以及多少協會的信譽在裡面嗎？

我被這一切搞得好煩，我問憲哥說現在要怎麼辦？

憲哥說：「還有多少事我們一起做，讓事情圓滿、讓人心可以得到安慰。」這句話我們「一起做」對當時的我來說彷彿是一劑強心針，我也有不夠勇敢的時候。這個「一起」代表著有人跟我「一起」承擔，我就不孤單。因為「一起」我們共同承擔著成敗，我怎麼好意思因為我自己的失誤而拖垮大家。

「就做吧！走也要走到底」憲哥在臉書上發文相挺，我找來大仁哥、楊婷婷一起開會，分配講師以及輔導員的工作，協會的員工開會討論怎麼找贊助、評審名單、學員名單分組，我自己要當主持人，要順稿、記流程、還要當總召。對所有的工作人員、講師、輔導員、學員、住宿餐飲的安排。一個人，當好多人用。

活動分為兩天，第一天是專業的訓練，讓這些在外面動則上萬的課程，在說出生命力可以「免費」就可以學習。每一組都有一位輔導員負責指導演講的內容，讓素人講者也不用緊張。第二天是上場比賽。

因為主要負責辦活動的人員離職，我們必須重新找新的贊助單位。我們提供贊助單位門票讓他們可以來觀賽參與這場盛事。有門票就有票價的問題，我們只好做了一個售票系統，讓贊助單位了解票價以及贊助款之間的關聯意義。

售票這個問題居然引來參賽者的揚言退賽，在臉書粉絲團上討論串聯，不管我怎麼好言相勸盡力說明。留言就是醜話說盡，愈寫愈難聽！我也火了，只要我做的正，行的穩，一身正氣就不怕別人質疑。臨時退賽不來的就算了，佛渡有緣人，就當我們沒有緣吧！

活動報到當天，參賽者有一位沒來，揚言退賽的一群人只有一位沒來報到，我就當作一切都沒發生，開始拿起麥克風歡天喜地的介紹今天的活動第一屆說出生命力講演比賽正式展開。

1.7 克服萬難的方法

兩天活動結束後,我收到無數的感動與感謝,這是我自己想都沒想到的!我沒有想到這一切我自己死撐的結果,可以造就今天這麼不同的光景。如果當初說不幹了,還有沒有機會看到我翻身的榮光呢!

常常有這種經驗後,我最常克服困難的方法,只有一種別無他法就是「死撐」。只要撐下去就會等到希望。

在這次的活動中第一天的講課訓練過程,憲哥、福哥都在高雄卻沒有出現在教室裡,憲哥說不要給講師們太大的壓力,只有在下午課程快結束的時候來到會場給大家加油鼓勵,福哥只是要上台五分鐘跟大家說些勉勵的話,居然花時間做了 PPT 其中有一段我至今印象深刻。

投影片第一張出現立克胡哲,福哥問你們知道他是誰嗎?大家回答了名字,第二張出現了日本五體不滿足乙武洋匡,第三張出現了超人落馬後坐輪椅的照片,

福哥問你有沒有發現這裡面有一個共通點?台下有人回

答沒有台灣人，福哥笑笑的說，是這裡面沒有你們，能不能我們一起努力讓我明年再來說出生命力的時候可以用你的照片。

如果要說這是福哥給大家的鼓勵，不如說這是他發自內心的真心祝福。這也是後來我也成為福哥的學生，其中之一最大的原因。這位北極熊大叔真的是一位很有愛的老師，雖然很嚴格。

為什麼要說這個故事？

克服萬難的第一步是「面對」，當困難來的又急又大的時候，別說你，我也一樣會逃避。尤其是我做公益這個立場，太容易讓人退縮了。很多人都會說等到有錢有閒再來做公益，可是我的想法是，我不知道等到那時候我健不健康？家人是否無恙？要擔心的問題一多，現在不做的事以後也不會做的。現在能做一點點就做一點等我有能力在做多一點。如果你想過了這一關，起碼不能逃避，先面對了第一步才有以後的每一步。

第二步是給自己一個願景、一個使命、一個因為你世界

會變得更好的理由。就像福哥說的這三張投影片裡都「沒有你」，能不能我做好一件事，讓我出現在你的投影片裡，這對現在的我來說好重要。做公益有多難啊，我願意好好做好一件事「說出生命力」，請讓我們這些優秀的生命教育講師出現在你的投影片裡，讓他們將他們面對困難的生命故是透過麥克風讓更多的人不要放棄他們的生命，好好的活著就是精彩。

第三步就是我最會的，死撐。很多時候我們對完美有種不同的定義，有人要熟悉每一個流程，每一個步驟，每一個SOP的規範，可是你知道很多時候當不完美出現的時候，你要不要繼續往下走？你有沒有勇氣向大家說，不好意思這次我做的不好我們重新來過？

每件事都有每一件事的難處，我讓自己關關難過關關過，不要求完美，就像憲哥說我們一起做讓事情圓滿讓人心可以得到安慰。很多時候做的不完美也是足以安慰人心的！

我相信眼淚不會白流，挫折真的是化了妝的祝福，撐下去就會得到你夢想中要的禮物又或者遠大於你的所求所想。

重點是：撐下去！讓我們一起撐下去吧！

▲ 第一屆說出生命力

Chapter 2

第一屆
說出生命力動人生命故事

2.1 我想好好聽你說 洪瑞聲

　　第一次拿到他的資料，洪瑞聲，這名字讓我印象深刻的原因是我曾經在媒體上看過有關他的報導。高中跳水代表隊，高一 16 歲，練習跳水時一躍而下，折斷頸椎。我非常訝異，他竟然會報名參加「說出生命力」的比賽。

　　我刻意和每一位選手保持距離，不想因為我的關係，特別關照了誰，而影響了比賽的結果。「觀察」成了我拿麥克風以外，最常做的事。

　　他叫自己死胖子，笑容靦腆，電動輪椅靈巧的移動倒是讓圓圓身軀的外型變得很有彈性。他的笑容很爽朗，總是帶給旁邊的人很多的歡樂。我想著這身體困住的是怎麼樣的靈魂？他適應現在的樣子嗎？他對自己做了多少的妥協？

　　第二天的比賽，前一天已經決定了出場的順序。我很刻意的強壓情緒，不太讓自己融入演講者的故事裡，我是主持人，聲音要穩定、笑容要甜美。

　　他上台淡淡的用他愛情故事當作開始，相識、相戀、相

知、到求婚成功，正為他開心，多不容易的結果。一般正常人能在愛情裡開花結果都難了，更何況是對身心障礙者來說更難，但是多美好的人生啊～修成正果。

「她說分手吧！」坐在台下的我聽到這一句內心糾結了一下。

無法挽留也無能為力的就分手了，這時照顧他 15 年的看護外勞也必須離台，就像自己的第二位母親，在機場道別時看護外勞不斷的親吻他的額頭臉頰，告訴他我愛你。

他說：回家的路上眼淚沒有停止過，甚至一整天的情緒都困在濃濃的離愁裡。印尼看護每天的 3 點鬧鐘會響起，起床膜拜阿拉，以前心裡總是抱怨，為什麼鬧鐘響了不快點把鬧鐘按了，現在即使沒有鬧鐘的聲音，清晨 3 點準時醒來，只是看護已經不在身邊了。

洪瑞聲和朋友共同推廣無障礙餐廳，在他的努力下，全台 300 多家的麥當勞都改裝成友善餐廳有「無障礙設施」。無障礙設施，不僅是關照著身心障礙者，家中的老人小孩都在這無障礙設施下的受惠者，我們都會老，更應該鼓勵的政

府機關店家、餐廳、學校，一起響應無障礙設施的環境。

我感動的留下眼淚，壓抑不住的情緒。特地在休息時間給他一個大大的擁抱，告訴他講得真好，我覺得真是不容易啊！這一路走來的煎熬與內心折磨，不管遭遇多困苦的人生課題，面對困難的「勇氣」始終是一道無形的高牆，看不到摸不著，卻得說服自己突破。

我沒想到因為這一個擁抱，他寫了一封信給我。

真心的感謝我，咬著牙、含著淚、卻帶著笑容迎接我們，並且把活動辦的這麼好。

▲洪瑞聲

CoCo Chanel 說：生命中最美好的事物是免費，而第二好的非常昂貴。

我們都給得起最美好的免費，擁抱一個人最終是鼓勵了自己，給身旁的朋友甚至陌生人，一個免費卻無限美好的擁抱吧！

2.2 無可救藥的樂觀 呂立偉

立偉罹患的是罕見疾病肌肉萎縮症，儘管無藥可救，他仍以無可救藥的樂觀面對人生；儘管行動不便，他會以換位思考的智慧接受異樣的眼光。

有人問他，這麼堅持挑戰自己的極限，完成那麼多幾乎不可能達到的夢想，憑的是什麼？立偉所憑藉的是相信的力量！但，如果他對生命沒有熱情或是對傳達正面力量的這份工作沒有使命感，我相信他是做不到，他的身體恐怕也沒辦法像大家看到的這樣還能維持一個還不錯的狀態。

能夠走到今天，立偉說除了感恩老天爺給他的一切之

外，最重要的就是，要相信自己，只要你認真，別人就會當真！當你需要的時候，有人願意伸出援手、提供協助，無形中幫助正面力量能更廣泛的被傳遞、散播。

他也會質疑為什麼人要付出？擔任校園生命教育講師，演講幾年後，聽到一位有身心障礙孩子的母親在聽完演講後，哽咽的跟他分享，她終於知道要怎麼繼續面對未來的人生了；當他看到一個瘦瘦小小的國小男生在聽了演講後，跑到他的面前說他在班上被排擠，但他現在會加油會勇敢面對；當他收到學生寫信跟他分享，她因為相信自己，不要輕易放棄，而得到了賽跑分組第一決賽第三的好成績。

終於，當他看到好多沒有受到足夠支持與肯定的孩子、好多處於躊躇、徬徨、無助的人們，聽完他的生命故事後願意勇敢的追求夢想，面對自己的人生，原來，這就是人為什麼要付出！因為每一個人，無論性別、年齡、職業、種族，或是行動是否方便？都有他存在的價值，也都存在著別人可能沒有，但卻非常需要的能力！簡單的說，人為什麼要付出？因為，我們可以！

　　記得有一次在監獄的演講結束的時候，有幾位受刑人合力幫忙把他抬下講台，下來之後，一位身上刺龍刺鳳的大哥級受刑人走到他的身旁，拍拍我的肩膀，用台語跟他說三個字，「辛苦了！」

　　事後回想，這是多麼具有力量與溫度的鼓勵啊！往後當他覺得沒有動力往前的時候，就能憑著這一份回憶激勵自己，不要輕易放棄這份能帶給許多人快樂與希望，甚至能改變他人的工作。

　　立偉很愛棒球，人生就像一場棒球比賽，不到最後不會知道輸贏，我們都要有信心會打贏人生這場比賽。雖然可能不是一個能力很強的投手，可是也可以很努力、不輕易放棄，而且一定有非常支持你的隊友以及球迷，還有願意指導你的教練群，投好每一球，創造價值，投出生命力，就算已經沒有完全比賽，也要盡全力為了支持你的人，完投這場比賽！

　　生命從來沒有要求我們要做最好的，只要求我們盡最大的努力！

對於心中有清楚方向，並且堅持朝夢想前進的人而言，即使被折磨的遍體鱗傷，仍甘願為了實現夢想，持續不斷的掏空自己，包括我們的思想、存在的價值、以及所學、所見、所聞，甚至是我們的身體與體力。我們都努力地將這些屬於我們的資產分享給需要的人，雖然累，雖然辛苦，但我們不但不放棄，不但不停止，反而繼續思考用什麼其它的方式，來完成我們的使命。

於是，憑著相信的力量，逐步完成夢想。

相信的力量往往大到超乎我們所能想像，如果你曾經因為受過傷而害怕，請相信自己擁有癒合的能力；如果你曾經跌進魆黑深淵，請相信前方永遠有一片值得追尋的光亮；如果你遇到一扇無法進入的門，也請相信，不是每一扇緊閉的門都上了鎖，你可以試著推推看，也許那是一扇為你而存在的門，能通往屬於你的——好好時代。

立偉是一位看起來很乖、很懂事的男孩。在他演講的那七分鐘他沒有回頭看過投影片，這是我對他的第一印象。在他的七分鐘裡很歡樂笑聲不斷，他總是用一種自我解嘲的方

式來釋懷現實對他的殘忍。私底下的他,是很認真並且嚴謹的把所有步驟一絲不苟的像是有 SOP(標準作業流程)的感覺。這樣的自我要求,看在我的眼裡盡是心疼。

在這些太完美的背後,想必一定是有無止盡的練習。因為他知道機會不多,所以每一次都要珍惜。錯過了這一次被看見的時機,下一次不知道要等到什麼時候。會後,立偉由媽媽推著輪椅來送我一本他的新書「好好時代」,在立偉身

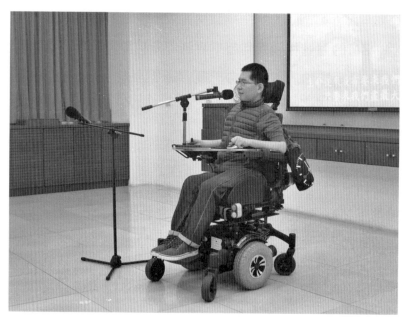

▲ 呂立偉

上我看到的不僅是無可救藥的樂觀，有更多的是家人無限的陪伴與愛。

謹以此篇文章感謝在身心障礙家庭中的支持者，這是一個比一般人更不容易的位置，這些人所帶來安定的力量更甚於我們！

2.3 做夢也要飛翔 張雅如

她的一切表現，非常不像一位「極重度」的身心障礙者。她參加「脊隨損傷選美比賽」榮獲第一名；她參加「說出生命力講演比賽」也榮獲第一名；她再參加「超級講師」的比賽，還是榮獲第一名。

她的完美與堅持，讓我看得有點心疼！

你完全無法想像，這樣的她「頸部以下」全部癱瘓，連用「手」拿筆寫字、做筆記的能力都沒有，卻是那麼珍惜，每一次能夠學習成長的機會。她說：我還活著，呼吸著，就要讓精彩成為一種必然！

一場意外亂了生命所有的期待

17 歲的一場車禍，與姐妹淘共騎一台腳踏車，過馬路時，被來車撞著正著，車上的人下來察看，竟是國中同學，而開車的是同學酒駕的父親。身上沒有明顯外傷的雅如，轉了兩家醫院才被診斷出來，脊髓受傷了，接著開刀復健、氣切後再復健，雅如把這過程形容的好輕鬆。

我忍不住的問了一句：「你什麼時候才知道，你從此以後都不能再站起來、手也不能舉起來了？」

她說：「住院大半年後，終於可以回家。很多人到家裡看她，大家都安慰她，才漸漸的明白這是一個「以後都是這樣」的事實。」

雅如的心裡很埋怨，為什麼是我？我這麼聽話、功課也比姐姐好，為什麼是我遇到這種事？在窗邊，也會有想自殺的念頭。

貴人出現 生命的轉機

飛天狗叔叔是雅如生命中的貴人，叔叔總是抓弄雅如，

要雅如像個正常人一般顧店上班，這意外後的轉機從上班後才開始覺得人生可以不一樣。

叔叔說：「你來幫我顧店吧？」雅如形容她好訝異，完全不知道自己能夠做什麼？在每日顧店的時光中她得到很大的成就感。最算只剩下頭可以動，一樣可以有被需要的感覺。

人生的過程中不是就是一個被需要的過程嗎？

家人曾經考慮送雅如去安養院，請外勞看護是家庭經濟很大的負擔。但是，雅如仍然是勇敢做夢，自己帶著外勞外出工作，夢想著做廣播人。在一個夢想活動中一償所願的成為廣播帶狀節目的主持人。

輪椅界的林志玲

有人這麼形容雅如，輪椅界的林志玲。鄰家姐姐甜美的笑容，講話很好聽的聲音，帶給人很舒服愉悅的感受。這樣的雅如正在準備積極的接受訓練，未來在劉大潭希望工程關懷協會所參予的觀光庇護工場擔任「專業的導覽員」，用她

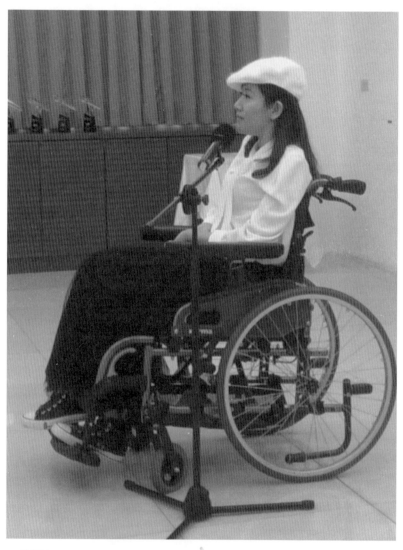

▲ 張雅如

自身不放棄的堅毅精神來說故事給你聽。

我媽媽很喜歡用「油麻菜子」來形容人生，我們沒辦法選擇肥沃的土地、生長的環境、沒辦法選擇含著金湯匙出生，但是，我們可以很努力的是讓這「種子」隨處發芽，茂盛成長，油麻菜花田也是一種自顧自的美麗與精彩。

我喜歡雅如更多的是，她說：就算我只剩下「聲音」，我也要用這「僅有」的武器征服全世界。

我們常常是擁有太多，反而困惑了，讓你的「僅有」成為征服全世界的最佳利器吧！

2.4 沒有手就用腳 方姿雅

沒有手就用腳，生命的感動從來不是因為你缺了什麼，而是你可以用「僅有的」做到好並且發揮到淋漓盡致。

方姿雅，我認識的她，非常的特別。特別的原因是她所有擁有的在我們看來是平常，她所展現的能量的卻讓我非常刮目相看甚至到了嘆為觀止的地步。她有害羞的笑容，總是

穿著斗篷。初初見面，我其實看不出來，她為什麼會領有身心障礙手冊。

直到她坐下來拿出筆和筆記本，第一次見到她的動作，除了驚訝還是驚訝。

姿雅的母親懷孕的時候因為吃了感冒藥，造成姿雅一出生就沒有雙手，沒有雙手的她，小時候常被同學欺負，心裡常常埋怨，母親為什麼要把我生成這樣？

有一次，母親帶姿雅去公園裡玩，一位路人阿麼自顧自的走過來說「夭壽喔！這孩子怎麼會沒有手，這是上輩子做了什麼缺德事啊??」語畢又自顧自的離開。

姿雅看見媽媽抱著她嚎啕大哭了起來，此時的她才明白，她的殘缺，最辛苦的不是她，而是母親。從此便懂事了，不再提及此事。開始用「腳」來當作手使用是幼稚園園長教她這麼吃飯，所有的小朋友都在桌上吃飯，只有她在地上吃飯，小小的心靈總是覺得委屈。

姿雅過敏體質，媽媽聽說游泳可以改善。常常帶著她去

游泳池「泡」著，沒有手要在水裡能達到平衡，著實是一件很不容易的事。常常喝到水，連換氣都找不到方法，在媽媽不放棄一次次的練習陪伴下，終於找到訣竅。沒有手也能游泳甚至是自由式、蝶式，對她來說都不是難事。

在２００２年，國二時期首次代表我國參加韓國釜山殘障亞運，榮獲三銀一銅的佳績，爾後２００６年第二次參加馬來西亞吉隆坡殘障亞運，榮獲兩面金牌為國爭光，也因此獲得無臂蛙后的美名！

母愛的偉大是雖然培養出金牌蛙后，至今姿雅媽媽還是不會游泳。在游泳比賽中所得到的自信更是姿雅可以「自在」的看待自己的殘缺。現在的她也可以用一種幽默的方式來處理自己所遇到的尷尬，把殘缺當作笑話，笑一笑也就過了！

姿雅最近迷上攝影，用腳拿著手機到處拍照，攝影老師帶著學員外拍，姿雅沒有缺席。走在巷弄間、新奇吸引的事物，別人用手拿起相機拍照，她用腳拿起手機一樣俐落的捕捉每一個鏡頭。

▲ 方姿雅演講 ▼用腳拍照方姿雅

那天在台北採訪姿雅時，姿雅遲到了。

姿雅說不好意思，下雨天攔不到計程車。我當下的想法是「對啊～就下雨天！」

採訪完和姿雅走出餐廳的大門正下著雨，我邀請姿雅一起共乘計程車。

我才發現，沒有手要怎麼招手攔計程車呢？沒有手要怎麼開車門？更別說要在下雨天拿雨傘。原來在姿雅口中的「自在」兩個字卻是得拿這麼多的辛酸血淚來交換。

生命不設限，能綑綁住你心靈的那隻魔獸，其實也只有你自己。心靈的殘缺比身體的殘缺還要嚴重。還在怨天尤人嗎？不要再把我們所擁有得看得那麼理所當然，對很多人來說，「好手好腳」是全天下最美好的禮物了！！

2.5 自斷雙腳行天下 魏益群

　　看著他上台就演講位置後，先是傳來一陣歌聲，雖然我並不清楚這首歌的旋律以及意義，我大概聽懂的是深夜的星光高掛夜空中，點亮黑暗即使是「微光」。

罕見疾病所帶折磨

　　小時候總是和骨折共存，你沒有看錯，是「骨折」，因為罹患罕見疾病「纖維性骨失養症」只要稍微跌倒或閃失就會發生骨折住院的情況，甚至嚴重到國小二年級就休學沒有再回到學校上學。魏益群這名字是爺爺取的，爺爺說希望這孩子「有益人群」。可是生病的益群，天天身體都不舒服，心裡也很寂寞。更長的時候是益群問爺爺，我這樣的人生到底有什麼意義？

　　從 10 歲開始，常常躺在床上的益群，所有的視野就是床上的天花板，就在醫院和家裡之間移動，這樣的日子竟然可以過了 13 年。在醫院的日子，常常是一個人，媽媽要上班只能晚上過來陪陪他。每回遇到有醫師來要討論病情，沒

有家人陪伴的他，獨自聽著醫師的說明，雖然聽不懂那些專業的醫學名詞，大概也知道是狀況很不好，在醫院的他，「哭泣」成為最大的發洩。

自砍雙腳 重獲新生

23歲那一年可以自己簽手術同意書，益群決定自砍雙腳。益群說：雙腳對我來說，不但沒有用反而成了一種牽絆，總是綑綁住我的行動。如果沒有做截肢這樣的割捨，以後的人生是勢必還是和過往相同生活，只有家裡的床上和醫院的病床。而且，我以為是同時兩隻腳一起做手術，只需要忍受一次的痛苦。結果是一隻腳做完再做一隻腳，光是想像就覺得這一定是難以忍受的疼痛忍過一次還再來一次。我開玩笑的跟益群說，那你真的要意志堅強，才能做出這樣的重大決定。益群說那時候人生的夢想很簡單，只希望能夠躺在青草綠地上，看著天上的藍天白雲。過去生病的歲月裡，從來沒有這樣的機會，可以實現在一般人簡單到在不能簡單的事，對益群來說卻是夢想。還沒等出院，就請家人朋友幫忙，將他抬到醫院前的青草地上，看看久違的藍天白雲。看著天空彷彿是戶外電影院的大螢幕，益群想像著未來即將可以遨遊

在這豐富精彩的世界。心中只有雀躍，完全可以無視手術後所帶來的疼痛。

帶來人生新幸福

面對新的人生，益群形容他就像哥倫布一樣，每天都很開心的出門探索。這對他來說完全是未知的世界。最喜歡每天坐公車出門終於可以一個人自由自在的愛上那就上那兒去。在信仰中得到很大的平安與信心，用歌聲撫平每一個受傷的心靈。在教會裡唱詩班服務，很享受的貢獻自己的所長。在訪談的過程中，我們談到家人時，益群眼淚瞬間落了下來。

在閃閃的淚光中，我發現這孩子心裡滿滿的愛。他不僅僅是黑暗中的「微光」，更多的是對家人的一份守護。很多時候我們可能都知道問題出在哪裡，但是更多的時候我們是不願意做出改變的更不要說做出割捨的決定。如果牽絆和綑綁擋住得你的去向，你有沒有勇氣忍受一時的巨大疼痛，卻可以換來一輩子的快樂。

益群的故事，我想告訴你的是：快樂是一種選擇，只要

你快樂，即便是微光也可以照亮黑暗的！

▲ 魏益群

2.6 追光勇士好畫手 顏榮宗

如果你有機會上建中，你會選擇放棄嗎？你會跑去開一家鎖店，當一個路邊攤的鎖匠嗎？顏榮宗，會！

他在國中時期曾是全校最好班級的模範生，獎學金也是理所當然，因為他捨不得我的父母親被債務壓得喘不過氣來。選擇在路邊攤做開鎖的師傅，他告訴自己，只要看重自己夠努力，一樣會成功！

　　因此，雖然榮宗只有國中畢業，他卻出了三本專業的工具書，而且用萬能鎖匙來改善鎖匠的工作效率，也因此贏得了業界「開鎖之父」的稱號，全省都有他的學生，連著名的天才警官、開鎖大師謝文苑警官都是他的學生之一。

　　他在學刻印章時，永遠牢記爸爸的一句話：阿宗啊，我們做別人的工作，學的是自己的功夫！

　　他將刻印章當作是藝術品來做，精雕細琢，即使客人都說：真美！真美！他還是要做到自己滿意為止，後來也成為了一流的篆刻藝術家，連國立藝專的學生都跑來學習，將山水花鳥融入篆刻，也將其帶入藝術殿堂，曾用篆刻作品參加國外的畫展，原本還擔心外國人不懂篆刻藝術，哪知他們竟喜愛不已，展出榮宗的所有作品。

　　靠著自己努力，這幾年來在業界也小有名氣，但這一切皆非偶然，顏榮宗說做事業像經營 7-11 一樣，在 7 點開店，晚上 12 點打烊，關門後還在裡面苦練刻印，直到凌晨兩三點才休息，當下已完全沒有知覺。

　　天下沒有白吃的午餐，你要得到什麼樣的夢想，你就要

有什麼樣的付出。在他字典裡沒有困難兩個字的人，退休後旅居國外，為了感謝妻子在 17 歲時不顧家人反對，嫁給殘障的他，他決定親手蓋一座愛的城堡來回報她，在溫哥華近郊用了五年多的時間，蓋了一座莊園，取名「書丹白露」，獻給愛妻。

建造過程中的艱辛絕非旁人能夠想像，加拿大的冬天非常寒冷，有一次為了趕在隔天灌漿打水泥，在零下 10 幾度的低溫連夜趕工，累到在地上邊爬邊抖，兩隻腳像枝仔冰一樣。他有嚴重的骨質疏鬆，工程中爬上爬下又經常跌倒，這段時間總共經歷了九次大小的骨折，有一次小腿斷，打完石膏的隔天我又爬到屋頂上去，榮宗大哥說他不斷的告訴自己：加油！再大困難，都不要怕。

小時候畫畫曾經得到全班最差的丁，有一次畫我的媽媽，被老師批評像鬼畫符。19 歲時學過油畫，隔了 30 多年後重拾畫筆，他決定給自己定下一個目標，連續 100 天，每天畫一幅畫，起先朋友都不看好，後來變成天天期待他的新作品。他再一次用毅力證明了自己，也精進了自己。

　　並且以破紀錄的速度獲得了加拿大藝術家協會高等會員的資格，一年內入選八次全國美展，這四年來在全國的比賽中得到兩次傑出作品獎、兩次第二名，同時也入選兩次世界寫實大賽，更榮獲加拿大畫家的最高榮譽---Spilsbury Medal Show 的參賽資格，並成為國家級比賽的評審之一。

　　現在義務教殘障朋友油畫，也提供複製畫做為慈善募款，但是老天開了一個玩笑，榮宗被診斷出得了早期老年痴呆、肌肉萎縮、大小腦萎縮、小便失禁，但他告訴自己，永不退縮，絕不放棄。現在每天跟自己賽跑，希望有天當人們想看我的畫，要到博物館。有夢最美，這是他勉勵自己的方式，否則哪那麼容易在寒冷的加拿大，每天凌晨三點鼓勵自己起床作畫呢？他的一生不斷逐夢也不斷圓夢，雖輸於起跑點，但憑著打不倒的毅力，披荊斬棘，兩個月前，加拿大的臺加文化協會，他們的讀書會用他的人生故事，給讀書會的學員做勉勵，再一次地向全世界證明殘障者不是弱者。

▲ 顏榮宗

2.7 善良是一種選擇

　　2015 年 12 月是我非常感恩的一個季節，在擔任社團法人高雄市劉大潭希望工程關懷協會理事長後，這樣的身分讓我對我的人生有新的視野，也有新的反省與感觸。舉辦「說出生命力」的講演比賽，更是擔任理事長以來一個新的里程碑。

22 個生命故事，不管有沒有得獎，每個故事同樣的精采同樣的賺人熱淚。我不記得比賽的所有過程，但是總有某個片段是在我心中久久無法散去。

生命的點滴 都是精采畫面

我會記得春錦姐笑起來的臉龐好燦爛，把練輪椅舞辛苦的過程卻當成笑話來說、冠良雙眼看不見卻用按摩服務同學、玻璃娃娃彥儒小小的身體大大的稚氣、俊源在比賽時說了無數次我真的好擔心會失去她、章魚哥那天穿西裝無敵的帥氣、昆聯還沒上場比賽就淚眼矇矓、國榮大哥家人都到場為他加油、鈺翔用下巴控制輪椅、華國說用嘴咬著畫筆，學油畫是一個習慣與疼痛共存的過程、昭坤唱著「阿嬤的話」、養花笑著說她是洗腎界的傳奇、榮宗閉眼沉思說故事的樣子、我記得 Lisa 雙眼紅腫的講評，雖然賽前一再的交代別哭。

儘管是結果還算圓滿，舉辦活動的過程中卻非常的不順利，甚至有一度我評估著不要辦好了。沒有活動經費、沒有活動企劃、沒有主持人、沒有活動流程、在什麼都沒有的情

況下，即便如此，我絲毫不願意為了「妥協」、「區就」而犧牲當初辦活動的初衷，這些原則一旦退讓了，哪怕只有一次，沒有機會再回到原來的起點。

怎麼開始 也就代表著如何結束

有部電影「美國舞孃」劇中描述女主角要怎麼從一個小配角一路爬上一姐的位置，過程中雖然遭遇剝削，但她也從「被害者」變成「加害者」，不惜傷害他人來達到自己的目標。其中有一幕我印象深刻，在換場的旋轉樓梯她推了走在她前面的一姐，讓她受傷不能再跳舞。從此，她自己很害怕下樓梯，不准有人走在她後面。戲末女主角時時驚恐的表情帶給我很大的震撼，人生絕對不是用「不擇手段」來達到目的，那樣的光環就會跟著你一輩子的。夜路走多了一定會遇到鬼的，這是不變的定律。

善良是一種選擇

尊重每一個人的價值，這是我認為基本的要求。讓身心障礙者活得有尊嚴，更是我所認為應該的價值。我不願意「過度消費」任何一位參賽者，更不要用「可憐」來吸引眾

人的目光，現在所做的每一件事都決定了未來的方向與格局。違背自己的原則，哪怕只有一次，以後就將違背了更多的原則。

亞馬遜 CEO 傑夫·貝佐斯：「聰明是一種天賦，而善良是一種選擇。天賦得來很容易，而選擇則頗為不易。」

感謝憲哥、福哥在「說出生命力」的活動中，不收分文的情義相挺。在醍醐灌頂大大提升我們的能力後，不忘提點我們「做個好人」。

生命最可貴的勇氣是即便拿著一手爛牌還是能贏得最終的勝利，沒有資源卻能撐到底，逆轉勝才激勵人心，不是嗎？

▲ 第一屆說出生命力

Chapter 3

韓國馬拉松

3.1 做夢都沒想到這麼難

2015 年友人約我去韓國觀摩參加國際馬拉松賽事評鑑銀牌的慶洲櫻花馬拉松，聽說這個賽事辦得非常的好，希望我帶身心障礙者一起來參加。我自己都沒看過國際賽事，我不敢貿然帶著身障者同行，我只好這麼跟主辦說：你先讓我來看看國際賽事長怎樣，明年我再帶一團來相挺!!

慶洲的櫻花真的美到一個不行，在這麼美的環境下跑步，真是人生的一大享受。我只記得出國前，我的公務繁忙，一度還考慮別來自找麻煩了。慶幸著「還好」總算是走出國門，在韓國好好的見習著無障礙的學習。

這是我第一次看到身心障礙者參賽的馬拉松，7 度的氣溫，有的身障者是被家人推著，有的是自己奮力的轉動自己的輪椅往前。現場的氣氛雖然聽不懂韓文，但是還是很激動!

看到這種景象，特別的感動我，在台灣幾乎沒有機會看到身心障礙者這麼參加戶外的活動!對於我是身心障礙協會理事長的身分，總覺得有責任和義務來推動這樣有意義的馬

拉松！

　　我感受特別深的是我跑到 15 公里時遇到一位腦性麻痺的參賽者，天氣的低溫他卻汗如雨下。每一步的向前伴隨著肢體的不協調，其實我跑得有點累，看著他不放棄的精神，我陪著他在旁邊慢慢的跑著。我用簡單的英文問他「怎麼不待在家裡」，他回答我：他想證明自己存在的價值。那一刻我對他豎然起敬。我們一起跑到 21 公里半馬的終點，給他一個擁抱說再見！

　　回到台灣後，要怎麼帶一團身心障礙者來跑馬拉松？這問題我沒有想得太複雜，就是找可樂旅遊主辦，然後，我負責找人來參加就可以了！

　　真的開始簽約討論細節，我的噩夢才真正開始。

　　第一個遇到的問題是釜山航空是廉空，因為是廉航竟然只同意一台電動輪椅上飛機，而且沒有空橋。沒有空橋就意味著下飛機時得走樓梯，或者可以剛好有位置就可以有空橋。我一點都不敢冒險。我帶著八位身心障礙者，四台電動輪椅，我是要怎麼取捨要誰不要去，對我來說都是同樣的為難。

為了解決這輪椅的問題，我和旅行社已經吵到快要翻臉，我甚至說了我好後悔跟你們合作。結果，你知道有多神奇的結果，我們乾坤大挪移的換了一家航空公司就這麼的換到以客為尊的華航，沒有電動輪椅的限制。搞定！

　　第二個比較恐怖的問題就是沒有復康巴士，沒有復康巴士是要怎麼移動啊？八位身心障礙者用抱的嗎？每一站的上下都要來抱一次嗎？我們討論著各式各樣的可能性，換成自由活動自助旅行達成大眾運輸工具好了。要不換成無障礙計程車，兩人一台，要準備四台，媽啊！不要說旅行社快被我搞瘋，我自己都快覺得怎麼會搞成這麼的複雜。在社會局、可樂旅遊以及韓國觀光公社的大力協調之下，在出國前十天告訴我有譜了，有一台可以容納 9 台輪椅，15 個座位的復康巴士可以從首爾來，只是這費用 78000 元要自行負擔。

　　第三個最恐怖的問題就是錢了，急在眉梢，經費卻是最大的負擔。一定會有解的吧？？嗯嗯！我想也是，先出國再說，回來再想辦法申請募款或是補助吧！

　　每一個過程都驚險萬分，如果沒有這個要身心障礙的朋

友出國跑馬拉松的念頭，可能沒有驚險但是也沒有好聽的故事可說了！

人間無處不溫情，連出國前一天去買國旗貼紙都可以遇到好心的老闆娘贊助，再大的夢想也始於足下！

想做的就勇敢去做，遇到困難想辦法解決，貴人會出現天使會出現，只要夠堅持，許自己一個無比的勇氣，還會有什麼是做不到的嗎？

3.2 終於成行

從來沒有帶身心障礙者出國的經驗我，不知道輪椅要怎麼上飛機。我們一群人浩浩蕩蕩再加上 Lisa 帶團的人數總加起來 38 位，克服了前面這麼多的難關，到了機場，才對「輪椅怎麼上飛機這件事」感到惶恐，怎麼辦我們都不會？

還好華航真的是以客為尊啊。地勤人員先來跟我們說明：

輪椅怎麼上飛機？訂位時請提供 1. 輪椅樣式，例：折

疊式或固定式 2. 輪椅長 * 寬 * 高的尺寸，折疊式請提供折疊後之尺寸 3. 含電池之輪椅總重量 4. 請參考下頁電池分類表，提供電池樣式及照片，電池出廠及檢測報告電子郵件傳給客服中心檢視。還有一點溫馨小提醒，請將出廠電池檢驗報告隨身攜帶，以便辦理劃位手續時供航空公司人員及機場安檢備查。如有轉機他航班機或搭乘或它航主飛之聯營航班，請逕洽該航空公司了解收受規範。旅客因行動不便，搭機旅行時需同行旅客協助時，請於訂位時一併告知訂位資料，華航也會安排鄰座就近照顧。

或者可以先上網做一下功課在網站上都有很詳細的說明，https://www.china-airlines.com/tw/zh/Images/wheelchair_tcm40-27496.pdf

這些資訊對航空公司很重要的原因，是因為電池放在貨艙萬一發生爆炸後果是不堪設想的。再加上每一台電動輪椅的規格都不一樣，「有沒有檢驗合格？」除非有相關文件，不然寧可讓你不上飛機也不會拿眾人的生命開玩笑，所以也千萬不要說為什麼別家公司都可以，只有你這家航空公司不可以？各國的規定真的都不一樣，但是只要「遵守」就沒錯的。

如果是一般的輪椅（非電動），可以要求「機邊拖運」。就是一直到了登機門邊才拖運打包，換成航空公司的小輪椅。這種輪椅特別的窄，「機艙輪椅」的寬度剛好是飛機內經濟艙的走道寬度，會有服務人員幫忙推到座位旁邊，讓身障者換位置到飛機的座椅上。

　　為了服務身障者上下飛機的順序也會不一樣，最先上飛機，最後下飛機。我想應該是為了節省登機的時間，才不會造成大部分旅客的困擾。

　　早上六點的飛機從桃園中正國際機場飛往釜山機場，對於從高雄出發的我們來說，必須晚上 12 點坐夜車出發。到桃園機場凌晨四點，緊接著做登機報到，身體體力的負荷疲累指數都達到最高點，但是終於可以成行的興奮，還是讓我們雀躍不已。

　　到了機場和領隊碰面才知道，旅行社搞了一個很大的烏龍，由 Lisa 帶隊的一團居然慶州馬拉松賽事沒有報名成功。當場非常傻眼的我們，即將出現的問題是馬拉松的比賽活動當天，我們的身障選手將沒有隊友人力的幫忙，「馬拉松要

怎麼完賽」成了一個很大的問題。

我們一邊討論著因應馬拉松行程的對策一邊催促著團員掛行李準備打包輪椅

，不管要面對什麼樣的難題，我們都決定了「出發上路是不會改變」的。先完成眼前的這個關卡吧！

上了，再說。

3.3 下飛機的第一餐

台北飛釜山的飛行時間 2 小時 15 分鐘，我們懷著又期待又惶恐的心情，不知道在海的另一邊，那個未知的國度裡等帶著我們的是怎麼樣的冒險之旅。沒有隨團的醫師，每一步都如履薄冰，我是主辦人吆喝著出團，也相對著承擔著不管發生大小事都得承擔任的壓力。

一般旅行社的團體會派一位領隊一位導遊，我們除了領隊導遊以外，可樂旅遊公司還派了一位隨團人員勁竹，幫忙我們這五天的活動輪椅的上下。

下飛機的第一個 trouble 竟然是輪椅不見了，行李不見都沒這麼擔心，輪椅不見就等於沒有腳，這下子要怎麼辦啊？

　　韓國當地派了一位導遊姜先生，地陪「小熊」兩位盡心盡力溝通協調，再加上可樂旅遊的超級業務勁竹的陪同，跟航空公司確認了很久才在另一個貨倉中發現了屬於我們的輪椅趕緊下架，別再跟錯主人了。

　　終於搞定一切，可以走出機場大門迎接我們的是這一台遊覽車的復康巴士，從首爾開了四個小時的車程到釜山機場來接我們，相當於從台北開到高雄的距離。這家復康巴士的老闆不放心員工開車，親自來為我們開車，服務五天，這樣的規格真的是感動人。

　　這台大型的復康巴士，全韓國也只有四台。這一台復康巴士是第一次載外國人，為了做好良好的國民外交，司機大哥很親切的跟我們說明使用方法，以及注意事項。

　　從遊覽車的中間有一個昇降梯足以容量一台輪椅的大小以及重量，上了車之後在車上有一個輪椅固定的軌道可以鎖

上安全鎖或是用綁的。八台輪椅的上車，就要升降八次，著實花了不少時間。

正當我們在等待的時候，其中一台輪椅我們聽到一聲「瀑次」的聲音，我正想問「怎麼了？」就聽到團員大喊「輪椅爆胎了！」

什麼？輪椅也會爆胎？這這這……接下來該怎麼辦？

大家七嘴八舌的討論，導遊小熊想到一個神奇的替代方案，他說：我可以找到腳踏車店，先用腳踏車的內胎做修補，當做替代方案。暫時勉強撐過這幾天的活動，等你們回台灣時，再找輔具公司做正確的修復。

這實在也是最沒有辦法中的辦法了，趕緊找了家腳踏車店修理爆胎的輪椅。

好不容易都上車了，準備開始快樂的行程。確認該固定的固定好，該綁的也都綁好了。上了高速公路又出現了一聲尖叫，

「啊……」

行李放在機場大廳忘了拿，這已經沒辦法回頭了。

大家從半夜坐夜車到機場，然後，六點的飛機兩個多小時飛到釜山機場。又經過電動輪椅不見，手動輪椅爆胎的折騰，開車上高速高路再兩個小時的路程才能到飯店，這時候要大家在坐兩個小時的車程回頭去機場拿遺忘的行李，還要再坐兩個小時的車程才能到飯店。

大家都累了，我和導遊小熊商量請他先送大家回飯店休息，再包車到機場拿行李，幫我們送到飯店來，導遊小雄無奈的答應了。

到韓國的第一餐是龍蝦大餐，再折騰了這麼多事之後，桌上的豐盛餐點伴著我心裡五味雜成的酸楚，每位團員看著龍蝦大餐驚嘆的歡呼，我心想都已經踏上韓國的國土了，還能夠多難呢？就關關難過關關過吧！

3.4 韓國慶州櫻花馬拉松賽事

慶州位於朝鮮半島南端，是古代朝鮮半島新羅王朝的首

都，至今仍保留不少古代的建築和寺廟。慶州位於南韓第二大城市釜山以北約七十公里，現在是韓國主要觀光城市，石窟庵與佛國寺和慶州歷史區均列入世界遺產名錄。

今年的慶州馬已是第廿五屆，由於同時還有半馬、十公里和五公里，適合一家大小或夫婦伴侶一起同場參與不同的項目，賽事每年吸引非常多的國際友人參與，已是最受歡迎的韓國賽事之一，只是全馬的時限是五小時半，對跑的慢的人來說也有點挑戰。

▲ 韓國馬拉松

去年我就有來觀摩過了，大致上活動進行的流程順序，我是清楚的。今天是兩團的人到韓國參加活動在一起最重要的日子，一大早我們在會場周邊的停車場集合，先把國旗旗幟還有國旗貼紙閃亮亮的妝點每一位參賽的團員們！

　　每一台輪椅都有 3 位志工的陪同，真的推不動了也有人可以馬上輪替交換。在場外也遇到很多不同國籍，同樣是身心障礙的朋友，相互加油打氣，還拍照共影。有的時候我都覺得輪椅也是一種共同的語言，不需要言語，一個眼神也可以傳遞了千言萬語。

　　開始站在排隊的隊伍準備向起跑線邁進，現場的音樂放的很 High，無人機在空中來回的穿梭只要經過我們的上空，所有的團員都會死命的揮動國旗向大會宣告我們是來自台灣的朋友。只要出了國，拿著國旗，愛國的情操瞬間燃燒，每個人都變得又熱情又熱血。

　　準備開跑，延路都是淡淡的粉紅色櫻花。跑步變成是一種幸福的享受，每一位隊友努力推動輪椅前進自己的疲累都可以拋到九霄雲外。

衝向終點站 Lisa 站在終點幫大家錄影，在合作的過程中是滿滿的感動和感謝。同樣的馬拉松路跑在身障的跑者中，更多要克服的是心中那個隱形的框框，走出心中的「牢」才走的出現實的「勞」啊！

等到大家都完賽抵達終點時，我們的身障團員春錦和俊源換上色彩鮮豔的輪椅舞的服裝，在廣場上表演輪椅國標舞。大家的吆喝聲，吸引聚集路人的眼光，只要有人問起「Where you come from?」

我們都會很驕傲的說：「We come from Taiwan！」

最後我們排成兩排，讓互相幫忙的團員們互相擁抱說說鼓勵的話。他們一邊擁抱我的眼淚在眼眶中打轉，完成這個活動只要幾個小時我們卻是歷經了這麼多的困難才能走到這裡。但是，在此時此刻的感動，真的也讓我覺得一切都是值得的！

其中一位隊友侯先生為了能夠在韓國順利的完賽，在台灣就先練習了半年，還刻意減重。為的就是不要讓自己的狀況拖累了大家，在分享的時候他說，我們以為是我們在「付

出」，實際上卻是最大的「收穫者」。

能夠付出真的是一種無比幸福的事！

事後回到台灣居然看到蘋果日報以全篇幅報導了這次的韓國慶州櫻花馬拉松，讓我們的感動不斷的回盪在那一天的回憶裡。

蘋果日報報導 https://tw.appledaily.com/forum/daily/20160415/37163137

3.5 克服心理障礙

對於後天不論是意外或是疾病所造成的身心障礙，其實，是更難走出心裡的陰影。因為他們曾經四肢健全過，不管因為什麼原因失去行走的功能，而要坐在輪椅上。除了生理上的苦楚，更多的是來自於心理的煎熬。

我特別喜歡她的安靜、優雅、自信以及甜美的笑容。

芝嫻是一位優秀的領隊，領隊的職責所在是要對現場的各種狀況瞭如職掌，她很害怕團員問了問題，她回答不出

來，默默的養成敏銳的觀察力。新到一個陌生的地方，廁所在哪、販賣部在哪、對環境的通盤了解，這是她工作必備的隱性能力。

921大地震的時候，芝嫻五個月的身孕，帶著媽媽、國小一年級的兒子以及幼稚園的女兒，四個人五條命被活埋了12個小時，四層樓的透天住宅瞬時變成一樓。芝嫻的先生剛好外出不在家，說也驚奇的是，聲聲救命聲只有先生聽到，而先生呼喊芝嫻的盼望也只有芝嫻清楚的接收到。就這一股支持的力量又花了五個小時才找到正確的位置將一家人平安的救出。

當芝嫻拿著過往的剪報，形容著房子如何傾倒，如何從地板鑿出一個小洞，這連我這局外人看的都驚心動魄的畫面，只見芝嫻很感恩的和我分享著這一切的經歷。

以為大難應該就到這裡吧！帶團出國在前往機場的途中，發生重大的車禍，司機輕傷，傷勢最嚴重的竟然是領隊芝嫻。她的小腿夾在兩台車之間，壓的像張紙片被抬出，為了求生存，截肢復健在醫院裡住了很長的一段時間。她形容

作復健的過程，連走路都要練習的疼痛，日日夜夜學習如何與痛苦和平共處。即便到現在感覺好像可以靠著義肢行走自如，還是有幻肢（phantom limb），明明那隻腳已經不存在了，還是會覺得痛。

芝嫻說：「我花了 10 年的時間準備，我準備好了，我要做一位稱職的身障者！」

我真的太喜歡這種說法了，現在的芝嫻，生命正高昂。

買了摩托車改裝成身障使用，車禍後沒有騎過摩托車，沒有摩托車駕照的她還特地練習的去考駕照。

馬太福音 12:20「壓傷的蘆葦他不折斷，將殘的燈火他不吹滅，等他施行公理，叫公理得勝。」這是我聽完蔣芝嫻的故事，心中出現的話語。

在芝嫻身上所看到對生命的韌性，生命力真的讓我由衷的佩服與感恩。芝嫻說：只要還有一口氣，只要不放棄，一定能看到生命翻轉的時候。

「行到水窮處，坐看雲起時」給自己也給別人一個快活

的成長空間。生命是一道道的選擇題，每一關都是難關，難關以外的智慧，是生命力最大展現的所在。

芝嫻說出事 10 年來，第一次出國便是跟協會一道出國到韓國參加身障馬拉松。曾經是領隊的她、曾經是以機場當做第二個家的她，10 年來不敢出國。擔心成為別人的負擔、害怕每個人都要等她、煩惱著遊覽車上不去、飯店進不去、餐廳都是樓梯、無障礙設施不完善。

如果不是她說，我不知道對於身障者來說，出國是一種奢求。但願能夠讓我們成為一種力量，讓更多的人知道無障礙旅遊的資訊，讓更多受傷的人知道不用擔心，我們可以幫忙讓生命更快速的找到出口，讓心裡的障礙可以快快跨過去。

難關以外的智慧，你看到了嗎？人生真的有限可能！

3.6 不可能變可能

在韓國餐廳的空間都非常的狹小，就算找到空間可以容納8台的餐廳，也會遇到一個很大的問題就是好多的階梯「樓梯」。在韓國五天除了早餐以外，扣除最後一天沒有晚餐以及一次在園遊會中享用以外，其他的八次用餐，有一天是吃烤肉大餐。一到餐廳門口領隊一看到有樓梯，就來找我商量怎麼辦？最差的狀況就是，用人力一台一台的搬上去。

「搬」不是什麼大問題，用力氣就可以解決。是安全的問題，對身障者不安全，對搬的人也不安全。只要有一個閃失，樓梯沒踩好、晃動了，人掉下來都是一個無比的風險。

我最不贊成用「搬」的，如果有其他的解決方式，都要避免用「搬」輪椅當作移動的方式，更何況我們不是只有一台輪椅，我們有八台輪椅啊！

正當我們七嘴八舌的討論著，司機大哥正經八百用「韓語」跟我們比劃著。唯一會韓語的導遊小熊不在，雖然不懂他的意思，大致上用猜的應該是他要用兩個板子架在樓梯

上，讓輪椅可以直接推上去餐廳。

在這荒郊野外要是有板子也應該是木板，要怎麼讓7~80公斤的輪椅上去啊？

我還覺得這司機怎麼說的這麼不切實際，一邊跟他比著NO，一邊走進餐廳請老闆幫忙。

他很不死心的說：Try！Try！接下來，我看見他打開放行李箱的艙門，拿出兩塊金屬板子架在樓梯上面。

跟我說：「See！」，我終於明白他的意思了！

我們想了那麼多的假設，作了那麼多的推斷，我們都忽略了這是一台無障礙的復康巴士，斜坡板應該是基本配備。我們怎麼會忘了請教專業，自己胡亂假設了一堆答案。

只要有斜坡板，一切都搞定了。斜坡板的材質有鈦金屬，承載的重量可以高達300公斤。這也是我第一次知道有「斜坡版」這種專業的輔具，在我們的日常實在是太不容易看見了。

出國不僅長「知識」還長「見識」呢！

我們太容易遇到問題就先否定自己，「你看吧！就跟你說不行！」

「你看吧」就是會有過不去的時候吧！」

「你看吧！待在家裡都比出去來的安全！」

更多的時候是解決的方法就在你的身邊，開口問就有了結果。自己嚇自己，假設了一堆假設，其實只要兩個斜坡板一切都搞定，不用怨天也不用尤人，只要走出門遇到問題就問人，不可能就會變成可能。

最可怕的是你準備了一堆的假設，結果一項都沒有遇到。白白失去了一次快樂出遊的旅行這樣的損失，絕對不是用「可惜」來形容。

真的別想那麼多，走出門去就當作冒險；出現問題時，也會出現有命中注定的貴人來幫你解題的。

Chapter 4

公益的日常

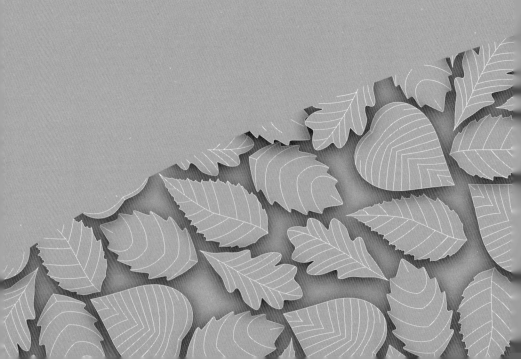

4.1 偏鄉贈書

「天使不作的夢」是我的第一本著作，寫的內容是我從小到大的成長過程，工作的經歷，一直到接觸公益，每一次化險為夷經過。

在成長過程中父親的家暴，總在半夜被驚醒，無心學業，一度讓我想要休學，只為了能去工作賺錢養家，讓媽媽不要那麼辛苦。我非常感恩老師的「不准」。因為不准，我才有機會受教育，不是只是用「蠻力」的往前衝。

有機會出書，新書出版時，老師問我可不可以捐書給學校圖書館，鼓勵莘莘學子跟我一樣曾經茫然在家庭關係以及求學的道路上，我二話不說的就同意了。

沒想到贈書給自己曾經求學的學校後，我收到很多偏鄉校長的訊息。地處偏鄉資源有限，全校師生加起來的總數也有限，幾乎沒有人願意到這裡來演講，能不能除了贈書也能來這裡跟這裡的孩子互動。

「當然可以啊！」只是如果真的要發揮最大的效益，就

不能只有一間學校了。我們討論著能不能把附近的學校都集合在一起舉辦，設計小卡片讓孩子圖上顏色，寫祝福的話教給老師寄回，就送給小朋友一人一書。

多數偏鄉的家庭結構，原本都是三代同堂或大家族，但是這幾十年來，家庭結構已經逐漸改變，再加上青壯人口外移至都市謀生，更讓偏鄉人力不足，有能力教養下一代的青壯人口都被迫外出工作，為了解決眼前的三餐問題，只好先犧牲 20 年以後才會顯現的教養與教育問題，這是一種無奈下的選擇，沒有任何一個父母願意做這樣的決定。同時，留在偏鄉的照顧者教育水準不夠高，各種刺激不足，讓偏鄉學童不僅是學業，在生活各方面也都容易出現學習動機與能力低落的問題。

如果我們的付出可以改變一點點，再遠我們都願意去。

這一天開了一個半鐘頭的車來到內門國小，陳秀美主任的熱心協助與安排，讓活動順利、圓滿完成。

偏鄉的孩子特別的稚嫩，與人的互動也特別的真。接受贈書的各校校長一起合影也互相交流，用生命影響生命是我

們一直努力做而且奮力往前的事。孩子的笑容很純真，希望他們不會因為在偏鄉而被忽略了教育的重要。

　　這一次參予的 9 所學校，也謝謝各校給我們機會為偏鄉教育有所貢獻。西門國小王宏彰校長、溝坪國小陳昱騰校長、金竹國小王郁昭校長、木柵國小呂佳真校長、寶來國小柯惠玲校長、新威國小高玉山校長、景義國小張惠英主任、龍興國小余國善主任以及內門國小陳秀美主任

▲ 偏鄉贈書

4.2 身障路跑

在國外體驗過身障路跑，我想要辦一個路跑活動是讓南台灣的身障朋友不用跑到台北，也有機會可以體驗輪椅路跑的風速；還有一個想法就是我想要讓正常的人也體驗一下輪椅的行動不便。

在我們的生活中對輪椅族是很不友善的，但是，如果你問一位正常人，你願意對輪椅朋友友善嗎？你願意盡量讓不方便的人行動方便嗎？我相信你問 10 位朋友會有 11 位朋友是願意的。我相信人性本善，如果只是舉手之勞，要請大家互相配合。我覺得對大部分的人來說，這絕對不是問題。

重點就是對於手腳方便的人來說，我根本就不知道這樣對坐輪椅的人來說是不方便的。我記得剛認識大潭教授時常一起出席活動走在人行道上，走著走著會突然發現原來一起併行走著，人就不見了。原來一個欄杆、一個高低檻、或是有摩托車多停了幾台，輪椅就過不去了。

所以不是我不夠同理心，而是我沒有體會過輪椅的不

方便。如果有過曾經的坐輪椅的感受，即使只是一下下的暫停，都不會因為自己方便而去造成別人的不便。

曾經我以為提款機是最方便領錢的地方，結果卻是門進不去。提款機很高，根本看不到。因為坐在輪椅上的高度和一般人站立的身高實在是相距甚大，如果我沒有坐著輪椅去提款機錢領款的經驗，我不會知道我們的無障礙都只有做一半。

我們將這樣的想法寫成計劃書提案獲得社會局的補助，在高雄愛河邊舉辦第一屆夢想天使路跑活動，超過 100 位學生志工參與，邀請了 20 位志願體驗坐輪椅路跑的社會人士。

推著輪椅經過大馬路旁邊時，等紅綠燈的民眾有人給我們熱情的鼓勵，也有人指著體驗坐輪椅路跑的學生志工，指責他們這麼年輕不要坐輪椅「人生是揀角的」。

在老一輩的觀念裡他們甚至不知道坐輪椅這件事是沒得選擇的，如果可以，請問誰願意坐在輪椅上呢？

這一次的活動很感謝各界贊助的夥伴，青商會以及小港社教館都動員了很多同伴一起報名一同前來參加活動。透過活動，讓更多的人可以了解輪椅世界和我們的不一樣。

立委黃昭順委員和立委林岱樺委員都來參與活動的鳴槍起跑並且在官方粉絲團肯定了我們的活動。

每一步小小的改變，我們慢慢的累積也可以成就一個大大的改變。如果你也願意成為那個一小點改變，加入我們吧！

▲ 身障路跑

4.3 訓練教室開幕

日本著名的馬拉松運動員山田本一，曾在自傳中寫到自己成功的秘密：

每次比賽前，我都要乘車把比賽的路線仔細看一遍，並把沿途比較醒目的標誌畫下來。

比如，第一標誌是銀行，第二標誌是古怪的大樹，第三標誌是一座高樓……

這樣一直畫到賽程的結束。

比賽開始後，我就奮力向第一個目標衝去，到達第一個目標後，我又以同樣的速度向第二個目標衝去。

40 多公里的賽程，被我分解成幾個小目標，跑起來就輕鬆多了。開始我把我的目標定在終點線的旗幟上，結果跑到十幾公里的時候就疲憊不堪了，因為我被前面那段遙遠的路嚇到了。

通往目的地的道路是由許多細小的、易於管理的步驟組

成的。不要總想著畢其功於一役。慢一點、穩一點，關鍵在於把大目標分解成易於消化、循序漸進的小目標。

在庇護工場完工前，我們訂下了許多的小目標，其中一項就是成立在市中心的訓練教室，一個屬於教育訓練的前哨站。這對我們來說是很重要的一點是培養未來在庇護工場不論是在經營還是在實地操作上人員的訓練基地。

因為考慮合法性，還要有無障礙環境設施空間，看了很多的場地都因為有樓梯或是因為空間上沒辦法讓輪椅迴轉而作罷。也只有在真的開始做的時候才會發現很多的問題都來自於必須符合法規的規範，這實在不是一般民間企業能夠輕易就達成的境界。

終於皇天不負苦心人，讓我們找到一處非常適合的地點，也很適合當做教室的場合。唯一需要做裝潢上的修改，只有廁所無障礙空間的部分，房東和鄰居非常的友善，知道我們這裡會常常進出身心障礙者，對於我們未來要做的事情也非常的推崇。

從無到有，要規劃的事本來就很多，原本協會的常規行

政要做，又多一個地方要建設。每天來來這樣的去去非常忙碌，但是心裡非常踏實。想到又可以往前邁進一步，深深的相信，自己這樣的賣力是很有意義的一件事。

禾軒社企訓練教室開幕的第一場演講請來海人琦恩做為第一棒，琦恩要演講前還問我：「可不可以請我的父母親來參加開幕典禮，他們從來沒有機會聽我演講？」

當然可以！這怎麼還需要考慮呢？

琦恩的演講，說到對這片海的疼愛，對父母的敬愛，對夥伴們的友愛。琦恩說華航失事從事海事工程的爸爸是第一個找到黑盒子的人，語氣中的驕傲，我相信坐在台下的父母親也是同等的榮耀！

一個孩子在參加了開幕餐會後畫了一張海底世界的圖給他媽媽，我非常認同教育是開啟這世界的一扇窗。只要我們一直做、持續的做，終會有翻轉的一天，不論你是來自弱勢，還是身心障礙者。

走出去、跨出步，你的世界就會變的不一樣！

感謝琦恩當天的講師費捐出來,許多的同學送開幕花籃、到場致賀,我就不一一唱名了。感謝大家的幫忙與捧場,「德不孤,必有鄰」讓我們可以一直走在對的道路上。

4.4 賽前訓練出王牌

每年的 4 月是說出生命力的籌備會議的開始,固定在 12 月的活動早在 8 個月前場地要先 booking、為講演的主題定調、尋找參賽人員、工作人員、事前開會溝通、社團的建立,超多事情要忙碌的,

已經有了第一屆的經驗,這一次有第一屆的學員說:能不能有機會事先訓練?兩天一夜的說出生命力的活動上一整天的課緊接著又上台的比賽,學習吸收的效果沒有這麼好。

對於好的建議,我通常是有求必應。訓練不是問題,而且我們也有了訓練教室,該找誰來做什麼訓練是一個很重要的課題。做了一份問卷調查了學員的需求:

我們安排了 TED 講者蔡宗翰、向沒有借東西的火星爺

爺、以及第一屆第二名的優勝者呂立偉來分享。

學習是一件很有趣的事。當課程一公告，除了吸引參賽者以外，還有很多是仰慕講師之名而來的。開始有很多人問，可不可以開放報名讓我們也可以參加嗎？

和講師群溝通後，只要是有意願的我們都開放報名參加。

蔡宗翰是位居消防局的機會要秘書，說我跟他有多熟嗎？其實，也還好。很多活動會遇在一起，他總是很客氣尊稱我秋玉姐。傳說中宗翰的簡報做的特別的好，這次請他來講課是教 TED 短講的準備架構，好多人為了宗翰的開講特地從台北下來當學生。

上課這天宗翰特別早到當他一打開電腦我看到投影片的張數我嚇了一跳為了一個 90 分鐘的課程他做了 338 張的投影片，突然懂了，遠從台北慕名而來的道理是什麼了。

火星爺爺跟我有一堂課的師生緣，因為他也是身障者特別的懂同為身障者的心境。很久以前他便答應我要為協會做

一場公益演講，一直沒有機會。剛好藉著這一次說出生命力的賽前訓練，來幫參賽者作心心喊話。

火星爺爺的課程不分老少，在互動的過程中幫助學員從新組織演講的邏輯，在分組中我兒子得到第一名，可以得到火星爺爺的親筆簽名包包流浪計一本。

兒子回家不斷的說：我覺得火星爺爺好懂我喔！

創意發想的過程給他一條通往世界的路，他就會追尋著世界的方向前進。如果遇到的是層層阻礙，不能堅持下去的人，很容易就會遇到壯士斷腕的窘境。

立偉從去年的第一屆說出生命力結束後，中間參加活動曾經遇過幾次。這一次邀請他來位參賽者演講，才有機會好好的聽他的分享。

相較一年前的演講水準立偉，有著大幅的進步，更能掌控現場的情緒與學員的互動更為自然、如行雲流水的流暢度，可以想像他是經過多少次的練習。

春錦三次都特地從台北來高雄上課，我問他為什麼。

這樣時間成本太高了,她回答我說:「很值得啊!收穫很多!我希望我去學校演講的時候學生可以跟我有很多的互動,而不是只是靜靜的坐著。這是我學習的最大動力!」

這些人教會我的一件很重要的事就是「態度」,因為態度對了,不管做什麼,成功都是一個必然的結果!

不要管過程中付出的成本有多高,這些會因為你付出多少回饋你的成就也就有多少。不要設限,也不要害怕人生不怕重來,就怕沒有將來。

一個訊息從地球這一端到另一端只需要 0.05 秒,而一個觀念從腦外傳到腦里卻需要一年,三年甚至十年。

這世上唯一不變的道理就是「變」,說出生命力也是一個不斷改變的過程,期許自己面對「改變」有足夠的「智慧」。

4.5 要不要說謊

協會的工作說少也不少，說多也不多。要請一個固定的工作人員，考慮著收入，實在是需要考慮再三的。所以常常都是寧可慢慢做，也不會有再多請一個員工的意思。

有一天，久沒連絡的妹子朋友到協會附近，順便來找我敘舊。她說，工作厭倦了，想要換個職場。看我義無反顧的做了這麼久的公益，她剛生了孩子，現在孩子還那麼小，想要轉職。

問我這裡有沒有機會。

一方面是舊識，另一方面是這位朋友再三的說明要做公益的理想。有沒有勞健保都沒有關係，只要一份穩定上下班可以顧小孩的工作，就心滿意足了。

我真的不疑有他，總覺得好事做多了，好心總會遇到好報。

這位員工剛上班沒多久，跟好朋友海威聊到這件事，員

工自己說不要勞健保，薪水要領現金。

他馬上提醒我天底下沒有白吃的午餐，愈是不合乎常理的事，千萬不要相信這種好事，會在你的身上發生。

我想想也對，回到辦公室馬上跟這位好姊妹員工說我跟律師討論過了，我們還是走合法程序不要鑽法律漏洞。萬一被查出到，我也會覺得愧對支持協會的廣大鄉親。這時候她才跟我說原委。

其實她是在前公司請了育嬰假，有育嬰補助家裡的開銷大，她希望可以一邊領補助款，一邊工作有薪水可以領，請你幫幫我。

你不說，我不說，就沒有人知道了。

要不要說謊？

這件事的公平正義在哪？

你不說我不說真的就沒有人知道了嗎？

我要不要給她一個方便？

這讓我想到一個網路上的故事：

十二年前，有一個小伙子剛畢業就去了法國，開始了半工半讀的留學生活。

漸漸地，他發現當地的的公共交通系統的售票處是自助的，也就是你想到哪個地方，根據目的地自行買票，車站幾乎都是開放式的，不設檢票口，也沒有檢票員。甚至連隨機性的抽查都非常少。他發現了這個管理上的漏洞，或者說以他的思維方式看來是漏洞。憑著自己的聰明，他精確地估算了這樣一個概率：

逃票而被查到的比例大約僅為萬分之三。他為自己的這個發現而沾沾自喜，從此之後，他便經常逃票上車。

他還找到了一個寬慰自己的理由：自己還是窮學生嘛，能省一點是一點。四年過去了，名牌大學的金字招牌和優秀的學業成績讓他充滿自信，他開始頻頻地進入巴黎一些跨國公司的大門，躊躇滿志地推銷自己，因為他知道這些公司都在積極地開發亞太市場。

但這些公司都是先熱情有加，然而數日之後，都是婉言相拒。一次次的失敗，使他憤怒。他認為一定是這些公司有種族歧視的傾向，排斥中國人。最後一次，他衝進了某公司人力資源部經理的辦公室，要求經理對於不予錄用他給出一個合理的理由。然而，結局卻是他始料不及的。下面的一段對話很令人玩味。！

　　「先生，我們並不是歧視你，相反，我們很重視你。

　　因為我們公司一直在開發中國市場，我們需要一些優秀的本土人才來協助我們完成這個工作，所以你一來求職的時候，我們對你的教育背景和學術水平很感興趣，老實說，從工作能力上，你就是我們所要找的人。」「那為什麼不收天下英才為貴公司所用？」

　　「因為我們查了你的信用記錄，發現你有三次乘公車逃票被處罰的記錄。」

　　「我不否認這個。但為了這點小事，你們就放棄了一個多次在學報上發表過論文的人才？」

「你認為是小事？我們並不如此認為。我們注意到，第一次逃票是在你來我們國家後的第一個星期，檢查人員相信了你的解釋，因為你說自己還不熟悉自助售票系統，只是給你補了票。但在這之後，你又兩次逃票。」

「那時剛好我口袋中沒有零錢。」

「不、不，先生。我不同意你這種解釋，你在懷疑我的智商。

我相信在被查獲前，你可能有數百次逃票的經歷。」

「那也絕不至死罪吧？幹嗎那麼認真？以後改還不行嗎？」

「不、不，先生此事證明了兩點：

一、你不尊重規則。不僅如此，你擅於發現規則中的漏洞並惡意使用。

二、你不值得信任。而我們公司的許多工作的進行是必須依靠信任進行的，因為如果你負責了某個地區的市場開

發，公司將賦予你許多職權。

為了節約成本，我們沒有辦法設置複雜的監督機構，正如我們的公共交通系統一樣。所以我們沒有辦法雇用你，可以確切地說，在這個國家甚至整個歐盟，你可能找不到雇用你的公司。」

直到此時，他才如夢方醒、懊悔難當。道德能彌補智慧的缺陷．然而，智慧卻永遠填補不了道德的空白。

最後我們選擇了資遣這位員工，一旦違背了原則，說謊也永遠圓不了一個謊言。

4.6 日本名古屋女子馬拉松

跑了一場名古屋女子 42 公里馬拉松順利完賽，並不是我很會跑，限時七小時完賽，我幾乎是「走」到終點的時間是 6 小時 46 分。我要分享的馬拉松的完賽精神，而不是如何跑得快。能夠完賽要感謝我做了很多功課，收集足夠的資訊，這有什麼好處？首先是可以提高完賽的機率，再來就是

保護自己不要受傷。

　　3 年前的夏天，我的生命正走在一個低潮，接二連三的挫折，讓我做什麼事都提不起勁。無力奮戰，卻也不甘心就此投降。看了一部新加坡電影「跑吧！孩子」，得到很大的激勵。我是一個連走路都懶的人，跑步更是我無敵「弱」的罩門，我想的是，如果我可以克服我最大的弱點，我相信從此以後挫折對我來說，應該可以變成 a piece of cake ！

　　人生有很多事的成敗，都掌握在別人的手中。唯有馬拉松，取決在自己只要雙腳不要停，一定可以走到終點。

　　為什麼選擇名古屋女子馬拉松當作我人生的初馬？第一、我對踢昏尼情有獨鍾，終點站有燕尾服帥哥太有吸引力了。第二、我不想跟男生一起跑，這兩個理由讓我千里迢迢跑到日本來參加國際知名賽事。

　　如果沒有信心單獨報名，還要訂飯店、做功課、拉哩拉雜的一堆事，那我建議你直接團報。有伴又可以省去很多雜事，這非常適合我這種怕麻煩的人。

▲ 名古屋女子馬拉松

我把完賽的原因分析出三個大項：

1. 夢想的路上，找個厲害的伴是重要的

我的個性輸不起，有個厲害的伴我會加倍練習，深怕成為拖油瓶。厲害的伴有監督的效果瞬間實力提升不少，經驗的分享與教導是很重要的，在跑這一場全馬以前我最遠只跑了 21 公里，而且超過半年前。我對 30 公里以後的生理狀況感到非常害怕，透過經驗的分享，面對抽筋、身體的疲累、如何處理突發狀況，早有心裡準備。

2. 賽前的擬訂策略、事半功倍是關鍵

賽事設計了 11 個關門的時間，回收車就在後面等著。我模擬了各種狀況，最後和教練討論出一個完賽的策略。我工作忙碌沒有太多的時間可以練習，我相信專業，請了一位體適能的教練，短期密集的訓練讓我跑步不會喘，這是我意外收穫的禮物。核心肌群的訓練讓我可以跑的久，除了策略以外，我覺得千萬不要悶著頭一個人瞎忙的幹，尋求專業的協助，真的讓一切簡單很多！

▲ 名古屋女子馬拉松

3. 清楚的知道底線在哪，撐過一時也要健康一輩子

　　在賽前家人常跟我分享馬拉松賽後截肢猝死的新聞，雖然我自認我有醫護背景，心裡還是毛毛的。而且在比賽前練習的時候不小心膝蓋受傷了，復健科醫師一直觀察著復原的狀態，最後在出國前評估，告誡我可以跑，30公里後應該會出現疼痛難耐的情況，止痛藥帶著，完賽後立即冰敷。這每一個交代，我都記在心裡，撐過一時也要健康一輩子，人生比氣長，真的不用急在一時。

跑過這一場馬拉松，我和我內心的結徹底和解。我不僅相信雙腳不要停一定會到終點，我也相信，策略方法帶來新契機，人生沒有做不到的目標，只有「要不要」而已。

找出你骨子裡的生命力，然後奮力一戰，為自己拼一次就好！

4.7 準備好就開打

有天小獅子問母獅：媽媽幸福是甚麼？母獅回答；幸福就是你的尾巴。於是小獅就開始追著他的尾巴一直跑，一直繞圈圈直到精疲力竭。這時母獅子告訴他：孩子，幸福不必這樣費盡心力去追求；只要你抬起頭來，勇敢的大步往前走，幸福就會在身後緊緊跟隨。

生命力也是一樣的道理，只要你願意抬起頭來，勇敢的大步往前走，幸福就會在身後緊緊跟隨。

第二屆的說出生命力活動移師到義大皇家酒店，讓大家可以在演藝廳裡感受講演的樂趣以外，也剛好有機會可以在

遊樂園一起同樂。這一年協會飽受著人員流動的動盪不安，檢討著第一屆的缺點。我們這次將許多的執行工作，分配到「總召」這個職務上。

我和憲哥討論了許久最後有南霸丸之稱的戴大為醫師雀屏中選，這是我和憲哥心中的名單。不過因為是志工，又要做這麼多有責任的事，我懷著忐忑的心連絡 David。

David 問我：總召要做什麼，我說只要出「一張嘴」，叫人做事就好了。

David：「說怎麼這麼剛好，我只會這個。」

就這樣！成大骨科醫生戴大為成了第二屆說出生命力講演比賽的總召，因為有出他的號召，工作人員的分組出現了，醫療組、場務組、輔導組、講師組，儼然就是一個規模系統的志工組織。

講師群有 Eva、她還擔任主持人，小卡老師、鄧政雄「學霸」提供電動牙刷當作報名的禮物，看看這群人最不可思議的就是完全沒有給費用，自己還得掏腰包自費高鐵的車資、

飯店的房費、然後還贊助報名的獎品。

「滿滿的大平台」是我們那年的活動中最常用的梗，富邦人壽基金會贊助五萬，永達基金會贊助五萬，再加上憲福報名的志工人數高達 40 人，第二屆的活動對我來說，沒有太多的焦慮與煩惱。除了很多位答應好要來當評審，臨時不來了，突然評審很缺人以外，還有這一次的售票效果很差，在臉書上分享上百次，卻賣不到 3 成的票面。

在說出生命力的活動前還有一次公開演講的機會，總召戴大為希望我借著當講者分享的機會多講一些跟說出生命力有關的故事，鼓勵大家買票進場。夢想實現家是憲哥每個月一次的分享會都在台北舉辦，這次到台南舉辦對我們來說有南部主場的優勢。

兩個小時的活動與我同台的都是大神，這讓同為講者的我壓力好大。大神也是很有愛，原先第一棒的我沒信心講第一個，林政賢醫師二話不說的就跟我換了棒次。

八分鐘的短講我留了一半的時間給第一屆說出生命力的講者分享，會後大仁哥問我為什麼不多說些辦活動的辛苦

面、被欺負啊,一定很催票的!

我說:我個人真的事小,如果能夠成就身心障礙者,這才是我們努力的目標跟目的啊!

那天憲哥哭的好慘,被講者、台下觀眾的熱情深深的感染,我懂那種心情自己何德何能能擁有大家的愛戴。陳畊仲醫師以及林政賢醫師當晚把講師費捐給協會。

改變世界從來都不是因為一個人做了全部,而是每個人都做了一點點。這一次我寫下:「說自己～愛自己,給你一個舞台、一個掌聲,說出你的生命力!」。我準備好了～開打吧!

▲ 在「夢想實現家」的演講中分享「說出生命力」

Chapter 5

第二屆
說出生命力感人生命故事

5.1 視障跑者 呂冠霖

冠霖是一位很陽光的大男孩，如果不是有導盲犬 ED 在旁邊陪著，其實真的看不出來，原來他是視障。就讀台師大的特殊生呂冠霖，在國三時被診斷出粒線體視神經病變，使他現在左眼只能見到光，右眼視力從 1.2 變成只剩 0.02，幾近全盲。

參加說出生命力活動的當天因為導盲犬 ED 生病了，冠霖一直問我可不可以請假，先帶狗狗去看醫生。他的焦躁不安，全寫在臉上。我請他安心，用他最自在的方式參加說出生命力。

第二天上台的冠霖很不一樣，如有神助一般。

你有看過視障朋友跑馬拉松的模樣嗎？因為看不到，通常都是靠著陪跑員的帶領，在視障朋友和陪跑員之間會有一根繩子，這繩子的前後是兩個圈圈，套住雙方的手，用一定「等距離」「等速度」往前跑。

對於跑步的這兩位，不論是陪跑員還是視障跑者都不容

易的原因是，我們自己的兩隻腳都會不小心踩到而絆倒了。何況是不認識的兩個人要有相當的默契，才能跑完 42 公里的全馬。如果限時間五小時要完賽，這通常要維持一定的等速，對正常人來說都困難了，何況是一位是看不見的跑者，另一位是帶領的陪跑員。

冠霖第一次想要跑馬拉松是因為覺得自己太胖了，但是找不到陪跑員。他的朋友調侃他說：陪吃可以，陪跑沒辦法。正當他覺得沒什麼希望的時候，突然靈光乍現的想到「警察抓小偷」，警察應該是最會跑步了。應該來去找警察幫忙才對，就在臉書向警察告白，沒想到在 10 分鐘以內就有一位參加過三鐵比賽的警察回覆，可以陪他一起參加，讓他誤打誤撞地踏上了人生跑馬生涯。

第一次跟警察哥哥練跑才 4 分多鐘，他就喘得跟警察哥哥說：「我真的快不行了！還是等我明年準備好再來參加馬拉松比賽？」

警察哥哥卻回說：「你可以啦！你一定可以的！只要你相信自己可以，而且人生如果每件事情都要準備到百分之

百，那還算挑戰自己嗎？」

因為警察哥哥這一句鼓勵的話，讓冠霖化衝動為追尋夢想的勇氣。

冠霖從原本一個月 20 公里的跑量，甚至達到了 200 公里的距離，這讓原本已經想放棄退賽的冠霖，到比賽的前一天終於相信，他真的可以完成這趟人生的初超半馬。

但是，竟然在到比賽的前一天，冠霖因腳踩空兩個台階而造成拉傷。

比賽當天，踏在起跑點的冠霖，腳還隱隱作痛。

警察哥哥說：「冠霖，待會我們試跑一下，只要你的腳一痛我們就立刻停下來，我們就用走的，如果沒有完賽，我會再陪你跑一場。但，不要逞強，好嗎？」

說真的很奇怪，當冠霖用堅強的意志，竟真的讓受傷的腳不再那樣猖狂，6公里，13公里，就這樣腳越跑越不痛了，警察哥哥開始跟冠霖描述他眼前的風景，他會說：「哇！那裡有一個爸爸推著坐在輪椅上的女兒，努力的在奔跑耶！」

警察哥哥也會帶著冠霖去跟一樣挑戰人生初馬的跑者大喊加油，他也會跟別的參賽者介紹我：這也是他的人生初馬喔！

警察哥哥說：「冠霖，你真的好棒！只剩 2 公里就可以完賽了，很多人都在當步兵了，你竟然從來沒有停下來。」

冠霖說：「那時候我不記得我超越了多少人，我只記得我一直踏在這條人生的初超半馬上。突然，在我最後一輪的時候，後方傳來一陣此起彼落的聲音：哇！視障跑者耶！視障跑者，加油！」

就這樣，一直「跑」到了終點，最後以 23 公里兩個小時 39 分的成績，不但成功完成七個月的夢想，甚至還拿到了視障組分組的冠軍。但是令冠霖驕傲的並不是因為拿到了這塊獎牌，而是因為有警察哥哥的用心，讓他可以一直走在這條充滿夢想、堅持以及莫忘初衷的人生旅途。

每個光榮時刻的背後，都有好多人默默努力付出著。

冠霖想對警察哥哥說，「原本我覺得跑步是一件最孤單

▲ 視障跑者

的運動，我原本覺得視障者需要陪跑員超可憐，但因為有警察哥哥給我這股併行的力量，讓我相信我們只要帶著堅強的意志，我們一樣可以成為照耀自己、照耀他人的那股黑暗星光。」

2018 年冠霖代表台灣參加美國波各多馬拉松，是第一位台灣的視障跑者。衷心祝福他順利完賽與我們共享榮耀的一刻。

5.2 聽不見的長笛冠軍 何晉緯

晉緯是一位很帥的大男孩，愛練健身還有六塊肌，耳朵卻聽不見。

民國 80 年，晉緯三歲，那一晚半夜一直哭一直哭，媽媽不停地幫他換尿布，不停的餵奶，就這樣在他的床邊守了一個晚上，直到隔天，媽媽抱著他、全身發燙 42 度的晉緯去看醫生，醫生沉重的跟媽媽說，很抱歉你的兒子因為發燒，雙耳聽不見。這麼大的一個打擊，就只能這樣接受了這份禮物一輩子，不過，很感謝媽媽，雖然發燒燒到了耳朵，

但無損晉緯迷人的臉蛋跟腦袋。

在國小跟國中的時候，他經歷了一段悲慘的時期，霸凌。霸凌這兩個字聽起來很刺耳，國小同學不過輕輕被他碰了一下，他就把晉緯的助聽器，從樓上往下丟。國中的時候，同學因為看到晉緯這樣的耳朵，覺得晉緯是怪胎、怪物，為什麼會有這種人出現在班上？他就把晉緯的助聽器、20,000多塊的助聽器、媽媽奔走賺錢買來的助聽器，往地上一丟，啪！那個破裂的聲音在他腦海中一直都記得，破裂的聲音就好像心碎掉了一樣，晉緯不斷的在心裡吶喊到底做錯了什麼？

高中的老師，問了晉緯一個問題，因為聽不清楚，靠過去說了一聲：蛤？老師二話不說，啪的給了一巴掌，我的助聽器也跟著掉了下去，頭低下的瞬間看見助聽器，看到媽媽的努力被這樣丟在地上，我又想：我到底做錯了什麼？身障者有錯嗎？

到了高中的時候，一支長笛扭轉了晉緯的人生看法與想法，我看到很多同學跟朋友，他們都會樂器、會跳舞、會讀

書，文武雙全，我看了好羨慕，你們有沒有聽過一個聽障者會吹長笛，還得名？

於是晉緯靠著這份勇敢跟毅力，跑回去跟爸爸說：爸，我想學長笛。爸爸一句話否決了我：不可以，不可以學。

就這樣怨恨爸爸 3 個月，都不講話，恨爸爸為什麼不讓我學，我只是想證明我自己而已，為什麼不讓我學長笛。

到了生日那天，爸爸親手送上一個黑盒子，小心翼翼地打開它，這不是夢寐以求的長笛嗎？好高興，爸爸跟晉緯說：兒子，我要你證明一件事，聽障者做不到的事，你要用這支笛子證明給我看！晉緯說：好，沒問題！

在晉緯兩年的努力之下，勇敢的去報名全國南區的長笛杯比賽，長笛的音色、tempo、曲調、快慢，對於聽障者來說有多難嗎？但是晉緯做到了，拿下來第二名！於是拿著這份榮耀，跑回去跟爸爸說：「爸！我做到了，聽障也可以做到，我證明了！」爸爸聽了好高興。

到了大學畢業的時候，晉緯思考是不是可以再做些什

麼？他去做了特殊學校的代理老師，裡面都是身心障礙者、智能障礙者、自閉症，帶領著他們走晉緯同樣走過的路，他們努力的學習，從三年級一路跟著晉緯走到六年級，直到了六年級，晉緯的教師合約到期，他們畢業了，晉緯也跟著他們一起畢業。

有自閉症的小孩跑過來抱住晉緯說：「老師謝謝你！」自閉症的小孩竟然會講話，真的讓晉緯好感動！畢業了以後，晉緯在想我是不是可以再做些什麼，找到了現在的工

▲ 何晉緯

作，聲暉綜合智能發展中心，教小朋友說話，裡面都是不會講話以及聽障的小朋友，教導他們會說話以及可以聽得到聲音，直到現在還在努力著。

晉緯希望大家可以重視霸凌這件事，也教導學生遇到霸凌要怎麼去解決，以及要用什麼心態去面對。

最後，晉緯能做到的，你們也可以做到！這就是我，何晉緯，這條路並不好走，但是我還是會繼續走下去，謝謝大家。

5.3 獨臂舞后 王蜀蕎

九歲時，蜀蕎和媽媽去她上班的地方，媽媽從服裝縫紉師改行賣雞肉，在菜市場看著媽媽拿菜刀在剁雞肉，坐在後面的蜀蕎很想幫忙，但是不可能，這個時候隔壁賣豬肉的阿姨正好在幫客人絞一塊豬肉。蜀蕎想只要模仿大人的動作做做樣子！

「阿姨、阿姨、我可不可以幫忙？」

好！

「太棒了！終於有事情可以做了。」絞肉機在蜀蕎的左邊，就用左手的手指頭去撥動裡面的肉，摸著摸著然後就……，啊～～～蜀蕎的手就這樣斷掉了。

蜀蕎醒過來的時候在醫院的急診室，媽媽看蜀蕎醒來趕忙說：不要看不要看！蜀蕎心想：什麼東西不要看？原來在她的腳底那邊有一包塑膠袋，那裡面是絞碎的殘肢，希望醫生可以把它接回去，但是並沒有。

做完了截肢手術，蜀蕎醒了過來，好痛好痛！「媽媽，我的手還會不會像小木偶的鼻子一樣再長出來？」媽媽跟蜀蕎說：「會！會！會！乖，妳趕快睡覺。」我就睡著了。

在蜀蕎成長的過程中，因為這樣，媽媽自責、愧疚，非常非常的包容她，也縱容了她的任性，在很多的狀態之下，她覺得爸爸媽媽在，她就很好，她不用努力，爸爸媽媽跟家人就可以幫她完成，但是她長大了之後才發現面對的是什麼？面對的是她還是少了五隻手指頭，她面對的是在競爭的工作之下，一直在正常人的環境當中她是身障者，而在身障

者的環境當中她又是正常人，這樣子的矛盾，蜀蕎一直在找她自己的平衡點。

一直到了30歲有一個機會，和沒有手沒有腳的朋友透過跳舞來做復健，沒想到就因為這樣子她發現原來她的身體喜歡跳舞，展開了舞台生活。

後來在2008年的時候，她得到了周大觀熱愛生命獎，很開心，有一個人比我更開心，是蜀蕎的母親，因為她覺得她可以用一針一線幫女兒縫製所有的道具服，蜀蕎身上穿的衣服都是媽媽的作品，就在這個時候老天爺開了蜀蕎家一個玩笑，媽媽在自家的巷口發生了車禍，沒有傷口，沒有任何出血的狀況，延誤了治療，當蜀蕎從外地趕回來的時候，到了加護病房看媽媽，已經沒有辦法說話，蜀蕎一直在她的病床旁邊哭泣，但是接下來的工作是要跟周大觀基金會到美國舊金山去做關懷，蜀蕎陷入兩難，不知道該怎麼辦？一邊是媽媽還在病床，另一邊是要用蜀蕎的愛、力量、舞蹈，去關懷更多需要幫助的人。

就在這個時候，離出國前還有一個禮拜，醫生告訴蜀

蕎，媽媽病情穩定，可以到普通病房了！真的是太棒了！蜀蕎就到了美國，展開了關愛的生命之旅。

回到臺灣，經過了九個月，媽媽的器官嚴重萎縮，就這樣離開了。

媽媽身體承受的苦，蜀蕎很想幫她承受，媽媽一直是家裡背後的那雙隱形的翅膀，媽媽一倒下，家裡的經濟完完全全的停擺，蜀蕎的任性包括結婚生子之後還是一樣是個嬌縱的小女孩，就在 42 歲的時候才因為媽媽的狀態改變，讓蜀蕎完完全全的翻轉，真的感受知道要長大了！

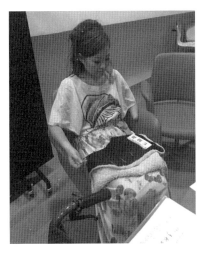

▲ 王蜀蕎

在一個偶然的機會，到了監獄，跟受刑人做關懷、做輔導，剛開始發現，好害怕！他們都刺龍刺鳳，會不會怎麼樣？才發現他們的生命當中缺乏了愛，缺乏溫暖，蜀蕎會用舞蹈、笑容、生命故事來溫暖他們，後來，沒想到他們是我現在最重要的人生導師。

今年是蜀蕎母親離開八週年的忌日，相信媽媽的愛會陪伴她，完成她的夢想。蜀蕎要告訴大家：勇敢的去追夢，勇敢的面對挑戰，勇敢的舞出生命最好色彩。

5.4 輪椅國標舞 梁春錦

小時候春錦是一個愛跳舞的人，阿公給她一個很大的舞台，舞台有多大？這麼大，像神一樣大，為什麼呢？因為阿公常常帶她去廟埕，像是去獻寶，當他把音樂一轉下去，春錦就在那邊扭扭跳跳，那時候春錦覺得自己好像在做一場免費的舞蹈發表會，覺得跳舞對她來講是非常的快樂，那個時候就立志要當一個舞蹈家，可是這個夢想在她三歲的時候就幻滅了，為什麼呢？因為她得了小兒麻痺症，後來也因為進

入了求學階段以及之後的工作階段，這個夢想就淡忘了，直到結婚生小孩以後，過的生活是非常的幸福、恬淡的，享受在這種幸福恬淡的時候，醫生宣布春錦得了癌症，當時的春錦非常的沮喪，不知道該怎麼辦，想到了還有先生、小孩，就鼓起勇氣跟醫師積極的配合跟治療。在治療的過程當中，很感謝先生不離不棄的照顧，還有小孩的加油打氣，讓春錦能量滿滿的對抗病魔，漸漸病好了，醫生就告訴春錦一定要選一項運動來復健，春錦選擇了跳輪椅舞。

在舞台上盡情展現舞姿的時候，突然想到三歲時候的那個夢想，春錦就是要持續這個夢想，相信大家都有屬於自己的夢想，也許很多人也有跳過舞，請問你知道一雙舞鞋大概有多重嗎？看美麗的主持人的高跟鞋大概有 800 公克重吧！你知道春錦的舞鞋有多重嗎？它有 12 公斤（指輪椅），有夠巨大的吧？

學輪椅舞第一件事就要學會翹孤輪，要翹孤輪才能夠舞出很多美麗的舞姿，有一次當春錦在翹孤輪的時候，不小心就往後倒了，因為還不會控制輪椅的平衡點，結果就這樣一直摔，摔到「滿天全金條，要抓沒半條」，想想這樣不

行，如果還沒學會之前就摔到「頭殼壞去」，接下來還怎麼學舞？想到一個好辦法，就是戴上了騎機車的安全帽。戴上安全帽之後，再跌倒頭也不會痛，但是肩膀還有背部還是會痛，想到一個更大的絕招，就是把輪椅抬到床上，想一切妥當了，「跌倒也不會死人了」，就這樣跌倒了再起來，最後練會了翹孤輪。

在舞台上表演難免會出錯，記得有一次在表演鋼鐵人的時候，這個音樂非常的磅礡、震撼，當舞蹈跳到一半的時候，舞伴他的輪子因場地拼接的地板卡住了，一輪卡住，另一輪在半空中旋轉，跟音樂配合得非常搭，觀眾還因舞伴跌倒的姿勢太美了而不斷掌聲叫好，很像地板動作，觀眾還以為是特別設計的橋段，當工作人員把舞伴扶起來之後，音樂剛好走到最後的八拍，旋轉之後來個 happy ending。

其實告訴大家一個秘密，從結婚出國度蜜月之後，就再也沒出過國了，跳輪椅舞讓春錦大開眼界，也實現了夢想，精湛的舞技和這台輪椅帶春錦走遍世界各地。

最後要說的是，雖然腳不方便，又得了癌症，但是春錦

對人生並沒有絕望，有句話說「永不放棄，就會創造奇蹟」，把這句話送給大家。

三歲的時候告訴自己，未來要成為一名 dancer，後來雖得了小兒麻痺，但現在坐在輪椅上的春錦，一樣實現了成為 dancer 的夢想。

5.5 絕地逢生畫家 黃利安

諸位的生命剩下兩年的時候，你想做什麼呢？

利安小時候兩歲的時候患了小兒麻痺，家中共有七個兄弟姐妹，每次媽媽一生氣要打人時，其他兄弟姊妹都跑走了，只留下我在原地挨打，且還是用掃帚的竹竿打，連爸爸都看不下去跑來說：妳是要把他的手打斷嗎？接著爸爸拿一條鞭子跟媽媽說以後換用這個打，原本以為會比較不痛，沒想到更痛！

進入幼稚園之後開始穿鐵鞋，也才可以走路。小學四年級的時候，爸要我去學美術，他說：「我沒有辦法一直在

你旁邊，你要有一技之長，才能活下去。」當時利安也想學音樂，但爸爸希望利安專攻美術。利安說感謝爸爸有這樣的先見之明，否則如果利安學了別的，恐怕不會有今天這般成就。

後來大學時沒考上美術系，考上逢甲保險系，畢業的時候很高興，因為想說畢業後出去找工作一定沒問題，沒想到真正找工作時四處碰壁，到保險公司應徵內勤時他們都說不用殘障，聽了好難過，利安從業務員做起，之後升主任、襄

▲ 黃利安

理、經理，最後成為處經理。誰能想到拿兩支拐杖的殘障能升到處經理？

但是人算不如天算，民國95年，上班的途中出了車禍，右肩膀斷掉，利安還是照常工作，認真過度的後果，鋼釘突出，因而做了第二次手術，沒想到手術後更檢查出罹患了食道癌，醫生說只有兩個月的時間考慮要不要手術，否則擴散之後就無法進行手術，我當下做決定動手術切除食道。在加護病房時孩子一直哭，老大說以後要養利安，老二說願意放棄大學學業去工作，賺錢養家，老三說要放棄學舞蹈改考大學。孩子的孝心，讓利安明白身上還有很多未了的責任，如果老天爺給他時間，他一定要好好的利用。

手術完成後，醫師說只剩下兩年時間，於是利安開始思考可以做什麼有意義的事？想到了畫畫，一方面畫會被留下來，且有價值，另一方面作畫的過程中也獲得了療癒的效果，還能減緩病痛。後來到了暨南大學服務，有一天主管跟利安說，必須碩士畢業才能當老師。於是努力考上了東海大學美術研究所，那時教授說：「教書三十年沒看過這樣的學生，你的精神感動我，希望你的畫也能讓我感動。」

人生的關卡，關關難過關關過。不要向命運低頭，只要堅持，就會成功。

5.6 斷腿導遊 蔣芝嫻

今年 2016 年，是芝嫻成為身障者滿 10 週年。

蔣芝嫻是一個領隊，2006 年 3 月 24 號星期五，凌晨跟 20 多位團員坐在遊覽車上，準備前往機場，坐在司機旁的位子，閉目養神，腦子裡面想的是未來幾天行程的安排。忽然一陣撞擊，搭的遊覽車撞上前面行駛的遊覽車，芝嫻身體腰部以下被緊緊的卡在車體當中，動彈不得。芝嫻請後面沒有受傷的團員打電話報警，也請他們聯絡公司跟家人。她一直沒有忘記她是一個領隊，必須要安排團體的所有大小事情。

三月份的清晨氣溫很低，很冷！芝嫻被撞擊的地方，好痛，感覺更冷！她盡量保持清醒，等待救護車到來。好不容易，從被撞爛的遊覽車中拖了出來，芝嫻覺得好累，好想睡覺，慢慢地睡著了，再度清醒的時候，已經是過了好幾天了。

從加護病房轉到普通病房，身上插滿了好多管子，綁了好多白色繃帶，骨盆腔用三腳架固定住，無法亂動。家人跟芝嫻說腳夾爛了，無法縫合，失血太多，必須截肢才能保住性命，她點點頭說好。

當她躺在病床上，右手慢慢地去碰觸原本該是右腳的位子卻是空無一物的時候，她哭了，而且哭了很久很久。

做為一個身障者，要學習的事情很多，你才能夠去適應環境，適應生活。

先說義肢吧！義肢是她最重要的輔具，穿義肢真是難過的事情，芝嫻的復健師告訴她：「蔣芝嫻，我只要訓練妳比綠色小人快 20 秒就好了」，所以 20 秒是她通過人行道的一個標準，因此雖然她穿義肢，但走路不會很慢。

除了穿義肢，她要學習操作輪椅、操作電動代步車，也騎三輪機車。當然，也學習很多身障的運動，游泳、擊劍、瑜珈，還要騎手搖車環島，芝嫻說如果她不是身障者，這些事情她應該都沒有機會接觸到。

她還看了很多勵志的書：《天使不做的夢》、《輪轉人生》、《「坐」看雲起》、《上台的技術》、《說出影響力》、《行動的力量》、《好好時代》，感謝這些作者，寫出這麼棒的作品，讓她獲益良多，真的是很大很大的養分。

努力做一個身障者，可是，心裡常常不快樂、不開心，卡卡的，因為莫名其妙的不安跟恐懼，經常出現。921地震的活埋，324的車禍，讓芝嫻對生命好沒有安全感啊！不知道天災人禍哪時候會再降臨到芝嫻身上，心裡充滿了恐懼，充滿了不安，因此芝嫻到處去拜拜，求神問卜，請神明保護芝嫻，身上那時候掛滿好多號稱可以保護芝嫻的東西，也聽了靈媒的話，什麼顏色不能穿、什麼東西不能吃、哪裡不能去、幾點睡覺、幾點洗澡、幾點上廁所，因為她真的很怕厄運會再度降臨。

那一陣子，把自己的命運交到了別人手上，因為不相信自己有力量可以保護自己。

2012年，芝嫻有一個機會接觸到一個心法：正念療癒，慢慢打開心中的困惑。

正念，它不是正向思考，它不是正能量，它不是不生氣、不批判。正念，mindfulness，正念，是當下覺察，安住當下，安住呼吸，人在心在，覺察為什麼會害怕，為什麼會恐懼，兩次的意外讓她覺得「我是不是一個業障深重的人。」經典上說：凡發生的事情，叫做業；你跟發生的事情過意不去、耿耿於懷，被它卡住了，那個叫業障。不僅你自己卡住過不去，也把相關的及不相關的人全部拉扯進來，這叫業障深重。過去的事情是活在記憶裡面的，芝嫻說：「我一直沒有好好的跟我的記憶相處，我把所有的事情都給災難化去解

▲ 蔣芝嫻

釋，所有的恐懼跟害怕，都是我想像出來的。」如何去解開你業障的干擾，原來就是善待自己的記憶，不去抵抗、違抗，學習了正念之後，讓芝嫻的生命真的有很大很大的轉變，現在，芝嫻自認為是身、心、靈比較合一的人了。

芝嫻要說的是，不管是身心障礙者，或者是健全的人，都應該接納自己、欣賞自己、善待自己，更重要的是，善待自己的記憶，願大家正念隨行。

5.7 換作是你，你敢嗎

第二屆說出生命力的比賽，有兩位參賽者上了訓練課程，卻沒有上台。要比賽前一晚，其中一位來找我，告訴我為什麼不能上台的原因是因為還沒有勇氣面對傷痛，無論我怎麼勸說，他始終搖頭拒絕上台。我永遠記得他看我的眼神，淚眼婆娑對我說「換作是你，你敢嗎？」

這讓我想到一個樹洞的故事。

從前，有一個富裕的王國，那裡的國王英明、百姓勤

勞，全國和樂融融。但是，國王有一個不為人知的煩惱，就是他的耳朵一天比一天長。國王每天都擔心：我的耳朵越來越長，如果百姓知道了，他們一定會嘲笑我……因此為了遮住長耳朵，國王特別訂做了一頂大帽子。

全國的人民都很好奇：為什麼國王每天都帶着大帽子呢？但是，沒有人敢問，所以也沒有人知道國王長了一對長耳朵。有一天，國王發現自己的頭髮太長了，便請宮裡最守信用的理髮師，進宮幫他剪頭髮。理髮師小心翼翼的脫下國王的帽子，看見國王的耳朵，嚇得直發抖。

國王對他說："我聽說你是個守信用的人，我要你發誓，絕對不會說出我長了驢耳朵的秘密，如果你違背了誓言，我就把你關起來!!"理髮師不停的點頭說："您放心！我絕對會保密的！"

理髮師回到家，鄰居都跑來問："聽說你進宮幫國王剪頭髮呀！那你知道國王為什麼每天都帶著一頂大帽子嗎？國王到底是不是禿頭呀？"但是理髮師只是搖搖頭，什麼也不敢說。

知道國王的秘密后，理髮師每天反覆的想著："國王有一對驢耳朵！國王有一對驢耳朵！國王有一對驢耳朵！"他一直將秘密悶在心裡，終於生病了。

醫生建議理髮師："你到深山找一顆大樹，對著大樹的洞口大聲說出藏在心中的秘密，病就會好了。"

理髮師聽了醫生的話，立刻到深山裡找了個樹洞，對著樹口大聲喊："國王有一對驢耳朵！國王有一對驢耳朵！國王有一對驢耳朵！"

說完以後，理髮師覺得輕鬆多了，他開心的說："啊！說出秘密真舒服呀！"接著，他用泥土把樹洞口埋起來，高高興興的回家去了。

幾年以後，埋住國王秘密的樹洞口長出棵樹枝。有一天，一個牧羊少年砍下那棵大樹的樹枝，做成了一隻笛子。

牧羊少年在草原上吹笛子，沒想到這隻笛子吹出來的聲音竟然是："國王有一對驢耳朵！國王有一對驢耳朵！國王有一對驢耳朵！"少年覺得這隻笛子真神奇，就到城裡邊走

邊炫燿。

不久，城裡所有的人都聽到了笛聲，最後，連國王也知道笛子說出"國王有一對驢耳朵"這件事情。國王非常生氣的說："理髮師竟然沒有遵守約定！"於是，國王就派人把理髮師抓到宮裡。

理髮師害怕的跪在國王面前，發著抖說："國王陛下，我真的沒有告訴任何人這個秘密，請您一定要相信我！"

就在這個時候，窗外又傳來笛子的聲音："國王有一對驢耳朵！國王有一對驢耳朵！國王有一對驢耳朵！"國王氣得大罵："你現在還敢說謊！"

理髮師靈機一動，對國王說："國王陛下，您可以告訴大家，您的長耳朵是用來傾聽百姓的心聲，以便好好的治理國家。這樣大家不但不會嘲笑您，反而會更加尊敬您的！"

國王聽了，覺得很有道理，便說："對！我不需要擔心我的長耳朵！"於是，國王把全國的百姓集合起來，然後脫下大帽子。大家看到國王的長耳朵，都嚇了一大跳。

國王笑著對大家說："這是上天送給我的禮物,讓我用這對長耳朵聆聽你們的心聲,好好治理國家!"大家聽了,全都感動的鼓起掌來。

如果把「傷痛」比喻成「祕密」,秘密放在心裡是會生病的。就算找個樹洞埋起來有一天還是會有公諸於世的時候

倒不如就像國王這樣就算有個長耳朵也是上天送給你的禮物,說出來也就快活了。從此不需要再遮遮掩掩,光明正大的過生活!

在我心裡也有個樹洞的秘密,因為這個提醒,我願意挑戰在台上把我的秘密說出來。這是「說出生命力」帶給我的勇氣,我也相信站當秘密不再是秘密,得到的會是祝福。

換作是你,你也可以做得到。我們一起加油!

▲▼ 第二屆說出生命力

Chapter 6

賭一口氣

6.1 委屈放聲大哭

兩天的活動結束在大家都散去後，我一個人坐在大廳裡大哭。我真的累了，再加上委屈、疲倦。活動結束孩子跟著我準備去餐廳吃慶功宴，我卻被櫃台刁難在原地不准我離去。

「我們的行政規定就是這樣，不然你就得想辦法解決。」

「我和林經理說過了，我們協會也不會跑掉，該處理的一定都會處理。只是兩天活動下來，現在大家都累了，可以讓我們先去吃個飯，孩子開始耐不住性子在吵鬧了！」

只見櫃檯服務人員更加的趾高氣揚說：「現在沒處理，你就是不行離開」

我真的火到一個極點，請 YoYo 先幫我帶孩子去吃飯，我待會再去餐廳找他們。

我說：「那這樣吧！請問林經理現在在哪裡？」

電話連絡後，林經理打電話給我說：「我已經回家陪小孩了，就麻煩你按照公司規定。」

我一整個崩潰的跟他說：為什麼工作的事沒處理好，你可以在家陪小孩，我卻得站在大廳像個犯人被審視。昨天晚上住宿出的那些麻煩，都是我出面幫你解決。如果只有我體諒，而你們都要按者公司規定。那麻煩你現在馬上回到工作崗位來處理你該處理的問題。」

我一邊說一邊哭，從昨晚就問題不斷，我連跟主持人Eva對稿順流程的時間都沒有。我哀怨的一件事、一件事處理，任何一點事對主辦單位不爽，我都來不及說明就看到對方直接在臉書上發佈，我就得一道、一道的滅火。

這個不要跟那個同房，明明訂了四人房的房型，卻要求自己睡一張床，也不要補差價就是要睡單人床。無障礙房是四人房卻塞不下三台輪椅，學員說怎麼辦？便當根本還沒統計數量，飯店卻說已經做了，不好意思請全部買單。活動過程中的不完美我都得買單，我常常覺得我是公益單位，不是慈善團體。這些都是要真金白銀，花錢才有的。怎麼能夠說

的這麼理所當然的爭取這些，連我都不敢說是我的權利。

活動結束後，我以為所有的不愉快都是我承擔了。

結果居然在臉書社團裡砲轟了起來，挺我的不斷為我發言，最後連大頭都跳出來說話了，我始終保持沉默。不是因為對錯，而是每一個人都是熱心熱血的來當志工參與公益，我何忍再責備我對你錯，事情圓滿就好了。

我一度懷疑自己問了憲哥說：「你真的覺得有辦的那麼差嗎？」

憲哥回我的話我到現在都記得，他說：「你真的很好不要懷疑自己，我們這次沒有這麼多人卻用了這麼大的場地，就像小孩穿大人的衣服還是可以出場，每一次我們都有進步，這才是最重要的，我深深以你為榮。」

每次憲哥說以我為榮時，我都真心的覺得自己做了一件好事。

馬雲說：心胸，是被痛苦和委屈撐大的！讓自己停止煩躁，學會適應一切逆境。因為逆境是成功的階梯，痛苦和委

屈是人生最寶貴的經歷。一個人的心胸和格局也都是被痛苦和委屈給撐大的。

這大哭過後，告訴自己要謹記這一次活動的教訓，明年要風風光光的平反。

6.2 贊助商的驟逝

庇護工場是協會自成立以來致力努力成就的一件事，但是無論做的多努力就是非常的不順利。有金援的幫忙卻始終無法遇到對的廠商能夠把工場蓋起來。

協會的成員多半都是出自愛心或是認同協會的宗旨理念而來貢獻一份心力的，不管是總幹事甚至理事長對工程的部分都是門外漢，一直到接觸了庇護工場慢慢了解建築的法規以及勞工局對申請庇護工場的規範，這時我才真正的明白：這一切真是困難如山，光是檢討法規這些有的沒的事，沒有一個正職專心做這些事的人，要做好這些繁瑣的事，真的比登天還難。

光是建築師換了 3 位，對建築的看法跟營造廠實際可以完成的執行，各自的立場看法迥異。而這些建築法規跟勞工局對庇護工場的規範也有很多必須尋找解決辦法的地方，做這種公益的工程跟一般商業的建築有很大的不同，還沒走到申請執照，沒有利益可圖也讓很多廠商是跑的跑、逃的逃，讓我也感到非常的挫敗。

　　裕昇開發的賴董事長是第一個最支持協會做這件事的sponsor(贊助者)，在我們草創的初期提供了很多意見，不僅出錢也動用公司的資源在建材上的提供，或是在建築圖的設計上給了很多實務的經驗。

　　為了如何在建照上突破難關，在賴董的引薦下，廠商捐貨櫃給協會，使用貨櫃設計成為現在最夯的建築話題，這個新的想法跟作法，才慢慢的將這個綁死很久的死結，有了解套的方法。

　　在我們確定的建築設計圖樣後，要找廠商賴董要樣品，好做估價的動作，還有建材數量的計算。周五還在電話裡跟賴董確定下周見面的時間地點，那個周末過的特別開心，終

於有了開始的第一步，未來充滿了希望。

周一原本約好的時間賴董卻沒有出現電話怎麼連絡都連絡不上，下午我接到一通電話，賴董在澳門過世了！

怎麼可能？

我們兩天前還講著電話，怎麼可能？怎麼可能？我不斷的思考著到底哪裡出問題了。一個人就這麼默默的消失在世界上。

賴董過世之後的每一天對我來說都像噩夢，原本該有的資源沒有了，所有等待中要請款的帳單如雪片般飛來。才剛開始有了一點點眉目又變成了一盤死局。

這對我的衝擊實在太大了，衝擊大到我把珍愛的長髮剪短變成一頭短髮。換個心情重新來看待這一整件事。你以為這樣就能重新面對嗎？告訴你，連一點點的幫助都沒有！我比較想要找個地方躲起來，因為後來逐一上門的事情讓我完全沒有任何抵抗能力的，只想向憂鬱靠攏。

先是賴董公司的支票跳票，我才發現就算簽了合約有

白紙黑字的證明，一旦當這個人不在世上了，公司只要不認帳，協會的處境馬上陷入一個萬劫不復的地獄。

沒有錢、沒有人，隨即而來的該付工程款的帳單以及營造廠複雜的人事。

我不知道我該怎麼辦？未來該怎麼走？協會到底還有沒有機會存在？

有沒有人會在乎我的在乎？人生瞬間充滿了無數的問號。

6.3 官司一場場

有一段時間我非常害怕收到掛號信，每一封掛號信都是法院通知。再次體會「通往地獄的道路，往往是由善意鋪成的。」

當一群人因公益而聚集，不論工程大小對你們來說，可能是一筆生意。對我來說，卻是 100% 的公益。

當工程縮小，經濟規模不再，對廠商來說：是利益的損失，協會對廠商來說，只剩下被告的價值。我是協會理事長，理所當然的法定代理人。每一封法院的來信上面都是我的名字，雖然我書念得不少，學歷也不低。但是當被告、上法院，卻是第一次。我的內心委曲、抗拒到連法院的信封都不想打開來面對。

「被告」是我這輩子第一次擔任的角色，收到起訴書時，看到對方律師在陳述事件時，為了要「贏」，扭曲事實、無所不用其極。這是我第一次，這麼血淋淋地，看見人性如此貪婪的一面。

有一次，律師請我去法院當證人，平日的我也算是反應聰穎思考敏捷的人，當我坐上證人席，我只有憤怒。身體不斷地發抖，對方的律師不斷的挑釁，我知道我生氣就是中了他的計，理智線像斷了一樣，我沒辦法接受在混淆視聽中得到一種歪理的印證。

過去我總覺得善良是對的，我要提醒正看書的你：讓你的善良「貴」一點。其實每個人這一生，都會遇到很多人，

總得明白，不是遇到的每一個人都能夠懂得感恩和回報。我們無法強求他人善良，所以就要學著，讓自己的善良，帶一點鋒芒。

這些經驗不管好的還是不好的：往好處就是想人生不是學到，就是得到。

在一本書上看到這樣的一段話：

很累，累到想要放棄，但是放棄之後將會是「一無所有」，又不能放棄。唯有堅持、唯有為自己打氣，才能更勇敢的走下去。因為，我已經無路可退，只能勇敢前行。

「勇敢前行」這四字用寫的多麼容易，要做到難如登天。

我常常想起「說出生命力」的參賽夥伴們，對我來說，我只要「堅持」往前走一步，對他們來說都是無限的希望。我們正常人好手好腳，在生活上沒有太多移動上的困難或是需要適應障礙的地方，要不要做？只有「能力」跟「意願」的問題。

但是對身心障礙的朋友來說，除了生存的困難要面對，還有生活的問題：餐廳進不去、廁所沒有無障礙、不論是高鐵、台鐵或是飛機，坐輪椅都代表著比一般的旅客更辛苦。

即使面對庇護工場這個議題有千難萬險，我都說不出，「我做不到，我要放棄。」這句話。面對身心障礙朋友的生命力，只要堅持多走一步，我相信就可以有不同的局面。

6.4 TEDxTaipei 夢想舞台

TEDxTaipei 是我最憧憬的舞台，我卻一直望之卻步。

我的好朋友 YoYo 一路過關斬將上了這個大舞台，我自願當了一天一夜的小跟班來當實習生，觀摩這個夢想中的 TED 講堂。我聽過 YoYo 上台分享了無數次，即使我已經聽過了，相同的故事再聽到還是會熱淚盈眶，不僅是故事真實且感人，更重要的我相信是不管擁有多少演講的技巧，發自內心才能「真愛無敵」。

YoYo 吳淋禎是一位護士，在女兒的心中有個美麗的名

字叫做「白衣天使」，在工作上大多的人叫她「小姐」。有一次 YoYo 的父親在深夜裡到醫院探望她上班的情形，遠遠的在走廊的那頭她看見父親的身影，她的手中正拿著病人的尿袋以及還有餘溫的尿管。父親沒多說什麼，只是心疼的說：找時間休息。

某天在家裡，父親說：回家吧！別人都在休息，只有你在操勞。父親紅著眼眶的模樣，讓 YoYo 不捨的說：好啦！等我找到人嫁了，就不要做了。

黃伯伯是胃癌末期的病人，「解血便」是家常便飯，常常都是大量的鮮血伴隨著糞便一起噴洩出來，弄髒了整個床單，需要護理人員去更換。YoYo 形容進去黃伯伯的病房前，在門口一次又一次的深呼吸，然後憋住氣快速地衝進去，以最快的速度，再出病房呼吸新鮮的空氣。

沒多久黃伯伯去世了，黃媽媽留在醫院繼續當志工，直到 8 年後 YoYo 要結婚時黃媽媽送給 YoYo 一串珍珠項鍊。黃媽媽說黃伯伯去世前有交代了幾件事跟是你有相關的，謝謝你總是用最快速的速度幫我們處理那些床單上的汙穢，而

且臉上沒有不悅，黃伯伯請我一定要待在醫院裡當志工，等妳結婚的時候買一份禮物送給你。

這是 YoYo 當護士以來唯一的一次，收下病人的禮物，要提醒自己不要忘了這份職業的初心，而當初那位說嫁人就不做的她，也默默地在這一行做了 22 年，不曾離開。

現在的醫療暴力層出不窮，藝人黑枝在急診的暴力行為以及民意代表的賞巴掌事件，醫護人員在意的不是「壓力」，而是「暴力」。平均 153 人才有一位護理人員的照顧，如果這種情況持續的發生，未來我們的醫療品質要如何維持？

讓我們一起呼氣惜：

呼是好稱呼，請叫護理師，您的一句護理師就是對醫護人員，最大的肯定。

氣是好口氣，脫下這身制服，他們也是別人家的女兒。穿上這身制服，我們有共同的敵人要面對，叫做疾病。我們是共同作戰的戰友而不是是敵人，有話好好說，彼此好溝通。好口氣對他們來說是鼓勵，讓他們可以好好努力不要放棄。

惜是好珍惜：只剩下 15 萬位醫療人員了，愈來愈少。健保要好，護理不能倒。護理沒有倒，各位的健康才有保。此時此刻有 15 萬個醫護人員白衣天使守護著各位的健康。只要好稱呼好口氣好珍惜，對你我都好。

今天起讓我們一起稱呼他們，護理師。

6.5 玉書南風讀書會

我非常熱衷學習，但是地處「高雄」常常覺得好活動或是讀書會都在台北辦。每次看到覺得很讚的活動報名連結都非常興奮地按下「我要報名」，一旦看到上課地點在「台北」，就得默默地關上電腦視窗。

另外一個問題就是參加讀書會通常有很大的讀書壓力，如果那本書我沒興趣，可是我又很想學習新知怎麼辦呢？能不能有一種讀書會是不管有沒有讀書，只要有意願參加都可以來聽講師分享，最好講師就是「作者」能夠聽到第一手的交流不需要再透過讀者看過書，再分享閱讀後的感受。

2017 年 9 月 28 日，我在我的臉書上分享我想要辦讀書會，而且我想要邀請作者親自分享願意的請 +1。沒想到號召了 50 多位的好朋友，就這樣開始了每月一次的饗宴，因為這些正向積極的作者分享，讓我在這很低潮的一年也能有一股持續前進的力量。讀書真的是好事，希望我在高雄南台灣可以持續為這件事努力，造福自己也造福他人。不然新書發表會通常都只能到台中，很難再往下發展。

　　我向我的恩師謝文憲（憲哥）要一個響亮的讀書會的名字。憲哥說「玉書南風」共學讀書會：玉取秋玉、書乃讀書、南為南部、風乃風氣。好有靈氣的名字啊，我就這樣邁開了玉書南風讀書會的第一步。

　　有人問我：有看過書跟沒有看過書，參加讀書會的差別是什麼？

　　我們第一場讀書會請來余懷瑾人稱仙女老師分享她的新書「慢慢來，我等你」。我先看了前面的 1/3，說的都是仙女在高中的教學生活與學生的互動。這樣的內容讓我看著看著就把書放下來了。一直到讀書會的那天，仙女精彩的說著

班級營造每一位學生都難搞，這個不喜歡那個、那個也不喜歡這個，如果遇到班上有特殊生，更是考驗導師的智慧。

聽完仙女的分享，我淚流滿面。當晚回去立馬把書都看完，因為聽過仙女老師對每一位孩子的描述，翻開書特別的有畫面。沒看過書但是聽過作者的分享，可以讓你更有感覺對於作者為什麼要這麼描述是更能進入書裡的境界。

另外一本書1042萬次的轉動，作者是修修，這本書我看了3次，每一次的感受都不同。看到第3遍的時候我甚至有一種感覺，如果有一天我兒子決定放棄年薪400萬，選擇騎腳踏車去環遊世界，我覺得我可能會說「好」。

▲ 玉書南風讀書會

聽完修修的分享，再翻開書重新看的了一次。又是一種完全不同的感受，我可以理解了辭去高薪、練了巴西摔角、買了萬全的配備到了實現夢想的地方，還是會遇到困難重重。修修的那聲「幹」，我打從心底的認同。

你相信開卷有益嗎？不管有沒有看過書，只要參加讀書會聽作者分享一定有收穫。這就像聽演講一樣，只要在那短短的 90 分鐘裡聽到一句能打動你的話，讓你記住，並且付諸行動就值得了。

所以我也謝謝正在看書的你，希望這裡面的故事能夠讓你有所成長。找個讀書會參加吧！不管讀什麼書，對你的人生都是很有幫助的。

6.6 讓人站起來

說到協會，這幾年所經歷的多災多難，真的不知該如何說得明白，光是庇護工場從整個園區的完整規劃，到後來以庇護工場為主體建設，最後只有能力做貨櫃建築。

貨櫃建築跟一般建築物的設計又不太一樣，不一樣的原因是貨櫃需要裁切、切割、防水、隔熱還有結構的計算以及水電管路的安排，一切都不是表面上所看得那麼簡單。

　　找人合作最重要的是「理念要合」不然，光是收拾爛攤子，真的讓人覺得此恨綿綿無絕期。在盤整又放空了一段時間後，我思考著「貨櫃建築到底要找誰設計」的過程中，我剛好看到一段 TED x Love River 王啟圳建築師的演講在建築廢棄物中讓建材的再生，而不是變成垃圾。好好的利用綠色循環可以讓這些廢棄的建材，再找到重新的生命也可以減少污染。我們只有一個地球，真的要好好愛惜。

　　曾經是世界前三大貨運港的高雄港，即便近年已經跌落至十三名，每年貨櫃裝卸量仍高達 1000 萬 TEU（20 呎標準貨櫃單位），這些往來各國際港口輸送貨物商品的貨櫃，大約使用 10 至 15 年後便從海上退役，據統計，每年台灣約有 20 萬個貨櫃除役，這些貨櫃登陸後去了哪裡？

　　王建築師的分享聽得我熱血沸騰，可是我要怎麼樣可以有機會跟王建築師合作呢？他已經鼎鼎有名而我們只是無名

小卒而已。我想了各種方法，最好的方法就是直接開口問，不用太囉嗦。我上網搜尋打了電話到王家建築師事務所，表達我的來意，希望有機會見面。但是我們是公益協會沒有太多能力付昂貴的設計費，如果不行的話我，就再想辦法。

沒想到我得到的答案是王建築師說非常的榮幸可以跟協會合作，每一年王家建築師事務所都有一些公益的quota（額度），請我不用擔心設計費的問題。

我們真的就這樣約見面了，再度印證了：凡事不用想太多，「做」就對了。

第一次見面時我說了協會的故事如何開始，我們想要往哪裡去，在庇護工場的園區設計我們的希望是什麼，並且約了時間看平面圖。我非常期待地等待看圖的那天來到，厚厚的一本設計圖滿心歡喜地聽完設計簡報，跟我心裡的所期盼的完全不一樣，落差很大。

庇護工場的外觀長什麼樣子長的還是方的，對協會或是對社會大眾，並沒有太大的差別。我想要做的庇護工場是可以「鼓勵人的庇護工場」，以後任何人走過經過都會記得這

是我拚了命撐到底都要完成的庇護工場背後那個我想鼓勵人的故事。

當我這麼說完建築師團隊似乎明白懂了我的想要，下一次約看圖時，不可思議的事情發生了，平面圖一次搞定，沒有任何的修改。

王建築師說：在英國留學時他有個女同學叫做 Amy，她雙腳膝蓋以下截肢。有 12 對義肢，有的義肢還是藝術品。

▲ 開打

她常說你們正常人常常覺得我是 disable(身障)，我一點都沒有這樣的感覺。Amy 上 TED 演講時說到她有著 4、5 種不同的身高，高度取決於她的義肢，身高 175~200 公分都有。讓她感受不同的高度帶來的風景面貌。

我說的故事讓建築師想起了這段 TED，「讓人站起來」的貨櫃設計就這樣產生了，我們希望在這裡不僅讓生命可以重新站起來，我們期待讓身心靈都因為在這裡而「從心得力」。我們將建築物的意象命名為「讓人站起來」，不僅讓人在這裡可以從工作中站起來，更是由心裡站起來。

僅以此篇文章感謝王家建築師事務所王啟圳建築師，在我們最艱辛的日子裡給了我們無數的勇氣以及資源。

6.7 這次我不怕了

1040 年，英國考文垂市的利奧夫里克伯爵迎娶了葛黛瓦為妻。葛黛瓦夫人貌美如花，氣質端莊典雅，人們都對她十分傾慕，可她卻整日悶悶不樂。伯爵看在眼裡疼在心裡，有一天，他終於忍不住問她：「您為何如此憂鬱，難道奴僕

們待您不好嗎？」

葛黛瓦搖搖頭，說：「這裡的百姓臉上都寫滿了怨忿，我哪裡高興得起來？」伯爵生氣地說：「您為了一群賤民而憂愁，真是有失體統。」

葛黛瓦哀求道：「他們都快活不下去了，您能替他們減輕一點稅負嗎？」原來，伯爵為了支持英軍出征，下令徵收重稅，百姓為此怨聲載道。兩人因此爭執起來，伯爵語氣堅決地說：「我是朝廷重臣，理應為國家分憂。」

葛黛瓦針鋒相對：「您從他們身上榨取的已經夠多了，這次就放過他們吧。」伯爵氣急敗壞地說：「放過他們可以，除非您赤身裸體地騎馬在城中大街上轉一圈，我就宣布減稅。」

第二天清晨，葛黛瓦夫人果然脫去睡袍，一絲不掛地騎上馬，離開官邸。伯爵想上前制止，卻不敢開口，只好也騎著馬，跟在她後面。葛黛瓦光著身子在街上轉了一大圈，所有百姓卻都像事先商量好了一樣，始終關閉門窗，大街小巷都空無一人，沒有一個人趁機窺探她的隱私。

伯爵深受感動，他擁緊妻子問：「您怎麼知道他們值得您這樣冒險相助？」葛黛瓦笑了笑：「如果真心想幫助他人，就不該去想他人將怎樣回報自己，難道不是嗎？」伯爵點了點頭，立即宣布全城減稅。

多年後，英國著名畫家約翰‧柯里爾聽說了此事，隨即畫下油畫《馬背上的葛黛瓦夫人》。

柯里爾說：「真正的高貴，是心中明白自己該去救濟他人時，就勇敢去做，而不會過多考慮他人是否會因此而感恩，更不會因他人的回應而改變初衷。」

時至今日，這幅名畫仍被考文垂市博物館珍藏，這幅油畫和葛黛瓦夫人，已經成為考文垂市的「名片」。

偽善即使在高明，也敵不過時間的考驗。在事實和危機面前總會真相大白；真善不需要裝裱，退掉浮華也會一直美麗。

只有真心為人，才會獲得別人的真心。唯有好好做人，將是畢生的功課！

這一次我不怕了，真心為人，不用擔心

原文網址：https://kknews.cc/zh-tw/story/nqlx358.html

Chapter 7

第三屆
說出生命力賺人熱淚生命故事

7.1 翅膀男孩 林政緯

政緯給我的第一印象是：這男孩真善良！在我認識他之前，他已經有不小的知名度，基本上，他可以不理我，如果他這麼做，我也不會太訝異！

在辦第 3 屆說出生命力講演比賽時，我的工作人員跟我說，我沒辦法用我個人的名義聯絡工作的事，我不能找到來參加說出生命力活動的身心障礙者。我以為同樣是身心障礙者的她，對於鼓勵身心障礙者是可以多一份感同身受的使用感，但也許對她來說，這就是領薪水的工作，做不到、達不到協會的要求跟她一點關係都沒有。

我雖然是理事長，沒有領薪水，卻是得大小事通包。沒有人要來參賽，我沒辦法坐以待斃，我上網搜尋身相障礙者，有被媒體採訪過的身心障礙者，一個個寫信給他們。通常得到的回應就是沒有回應，即便知道對方已讀訊息，對方沒有反應，我也不能硬要對方怎麼樣。

我大約寫了 50 封信，得到回應的只有 4 封信。在這 4

位回應的人當中，來參賽的有 2 位。政緯就是其中的一位，而政緯願意來參賽的理由是，有一天我在臉書上面 po 面對這麼大的活動協會的工作人員只有一位加上理事長我，其他的志工全部靠臉書訊息的聯絡。我們所做的努力，真的值得被鼓勵。當天政緯在臉書上留言給我，萬萬沒有想到，只有兩個人做所有的事，必定全力支持。

你能相信從未謀面的兩個人，只是靠著臉書的聯絡，早有知名度的他，居然來參加說出生命力的比賽。

政緯是一位非常陽光笑起來很帥氣的男孩，站在台上的他，天生就是有一股神奇的魅力。在還沒有出事之前，他是學校的系學會的靈魂人物，即將上星光大道當 PK 大魔王。因為去金山海邊舉行系學會的活動，同學鼓吹吆喝著他，要他從高處跳水而下，沒想到這一跳，頸椎折斷，脖子以下都癱瘓了。

在救護車送到醫院的路上，他想到的是剛過世的爸爸交代他要好好照顧要洗腎的媽媽。他心中的愧疚與不安，用他僅有的力氣對媽媽說：對不起！

▲ 林政緯

「復健」是一條漫漫長路，光是要練習把手舉高這件事就花了2年的時間。原本只有氣音，在看到偶像Ran的鼓勵，人生好像又開了另外一扇門。

　　不放棄一遍又一遍的練習現在的他又可以拿起麥克風唱歌。

　　我相信每一個人生都不同，相同的是每一個人生都很難。怎麼樣享受當下的歡喜自在是需要智慧的。

　　政緯是頸椎以下癱瘓的身相障礙者，他沒有因為身體受到了侷限而放棄了人生的夢想，相反的他用他的行動力來告訴我們，沒有腳就加上一雙翅膀吧！

　　翅膀男孩林政緯唱歌的時候特別的展現自信，在演講場合遇到他時，別忘了給他一個大大的擁抱，告訴他：他真的很棒！

7.2 鄰家女孩 陳青琪

青琪是一位小兒麻痺而造成重殘的身心障礙者，對她的第一印象是鄰家女孩非常有親和力。

上了台的青琪有一股壓制群眾的霸氣，跟台下柔弱的她有個迴異的差別。

青琪說高雄是一個曾經讓她傷心的地方，年輕時有一段戀情談得火熱，有一次打電話到男朋友家，剛好是男友的媽媽接的。沒想到昔日男友的母親說我們家住透天，我不能接受一個不能自己上樓的媳婦。

青琪的內心受到很大的打擊，她不斷的吶喊：為什麼重殘就等於無能？為什麼重殘就不能得到童話故事中的幸福。她內心許下了一個人生的夢想：她要有個愛她的人有兩個孩子一個幸福的家庭。對一位平凡的人來說，這是一個再簡單不過的事了。對青琪來說，卻成了人生的夢想。

她靠著持續不斷的學習，讓自己累積一直前進。去駕訓班學開車，開始出門做業務。當月收入達到 35 萬時，招待

全家一起出國去沙巴玩，生命的面相完全不同。青琪也鼓勵剛受傷的身心障礙朋友，千萬不要對生命感到失望，努力地站出去，你的生命可以鼓勵很多人，千萬不要放棄。

青琪在張老師當生命線的電話接線生時，認識她現在的先生。那時候的他，剛剛因為意外而造成雙目失明，生活中找不到重心。常常打電話到張老師生命線，聊著聊著就有著感情。青琪成為先生的雙眼，而先生成為她的雙腳，還有兩個可愛的孩子。

人生的夢想在青琪的堅持下，成為人人稱羨愛情的故事。

青琪的先生雖然眼睛看不見，家裡的三餐都是他做的，最厲害的是還能煎魚，表面呈現金黃色，完全不會燒焦。我都覺得好神奇，看不見的他，到底是怎麼判斷，這魚好了沒？青琪的故事告訴我的一個道理就是：生命總會找到出路，只要自己不放棄自己，持續地往前進，總會有一條適合自己的康莊大道。

青琪說：生命就像一齣戲，蘊含著悲歡離合、愛恨情仇。

生命力，就是能夠願意全然接受，這一切的力量。

▲ 青琪

7.3 三次挑戰成功 程彥儒

認識彥儒的那一年，他告訴我，他是玻璃娃娃。過了一年後，他又跟我說：我終於找到真正的病名是黏多醣症。他是連續三屆都參賽的學員，我對於他的堅持，有著莫名的恐懼。我的恐懼來自於我怕他每一次的不放棄，最後得到的是傷害。

在演講的台風上他有著天生的劣勢，他的疾病讓他的氣管發音很不順，站在講台上該有的氣勢、談吐，會因為他需要比較多的換氣時間，觀眾都冷了。第一年的無功而返，似乎是可以預期的。我一點都沒有印象，當年的他到底說了些什麼。

第二年當他說，他做好準備今年一定沒有問題。穿著迷彩服上台，自稱戰士的他非常的自信。當主辦人員非常的忙碌我沒有太多的時間要注意每一位學員的輔導狀況，我相信的是憲福育創的志工非常專業，對於輔導這件事必定是：知無不言、言無不盡。

當他再次上台時，我就知道不行了！經過一年時間的磨練，他成為伊甸的代言人，拍了一支很棒的宣傳影片。影片中的他穿起西裝，坐在輪椅上看起來很威風，不過，演講的內容把重點擺在生病這件事上。

　　說出生命力的講演活動把生命力的核心放在面對生病突來的意外時所做的努力，而不是上帝開了一個大玩笑後，你的不知所措。能夠鼓勵人心的是你所面對人生難題的高度智慧，就是因為很難，所以才會珍貴。

　　第二次參賽連前 10 名都沒有，我想失落的不是他、而是我。身心障礙者因為生病或是意外在演講上，需要發聲的表現上，有著無法避免的身體上要克服的難關。比如說坐在輪椅上要走位和觀眾互動 Eye contact（眼神接觸）、換氣呼吸對身心障礙者也是一大挑戰。

　　這些無可避免的不足，如果再加上故事內容是自怨自哀，圍著生病在打轉。即使你的生命態度很正向，對現場觀眾來說還是引不起共鳴。

說故事，最重要的就是引起共鳴。

第三年又說要來參加比賽的彥儒，馬上就被我勸退了。他說他是戰士，應該不畏艱難不畏挑戰的堅持下去才是。他說了三個說服我的理由，第一是他從來沒有得獎過甚至是前10名都沒有、第二他是戰士他要堅持到底的、第三做了才知道有沒有用？

這一次上台他是這麼說的。

我是唯一的一位連續3年都參加說出生命力講演比賽的人，今天要說我駕我的戰車（電動輪椅）去金門自助旅行的故事。

我決定要去金門自助旅行四天三夜時，我帶了3顆備用電池到了航空站，服務人員告訴我：基於飛航安全只能有一顆電池上飛機，那時候我在想「我都來了，一顆就一顆，ok的。」

最可怕的是慘劇是到了機場到住宿地點這中間是沒有交通工具可以抵達的？金門沒有無底盤公車沒有無障礙計程車

也沒有復康巴士這樣到底要怎麼樣到飯店？我想了很久，我什麼都沒有我要怎麼樣到飯店？後來我想到我還有我的戰車電動輪椅。就這樣淋著雨，拿著地圖，過程中還包括我迷路了3次以上，最後在晚上八點多到達飯店，沒想到我的電池跟我一樣這麼有毅力，撐到現在。

在四天三夜的小旅行中，我到開著戰車坐渡輪到小金門，到了小金門才發現跟金門一樣：什麼都沒有。看到古寧頭遠挑廈門，這些經驗是在台灣所沒有的。看到風獅爺，喝到高粱酒奶茶，但是我發現沒有看到任何一位像我一樣開著輪椅上趴趴走的身障朋友，我不知道是沒有還是因為環境上的限制。

我回到台灣，寫了一封信給總統府，我建議他們改善金門的無障礙交通，總統府也允諾明年會編列預算改善。在這次的旅途中，我發現只要有堅持的毅力以及克服障礙的決心。即使一個人、就算坐輪椅上，一樣可以自己去旅行，也鼓勵所有的朋友都能勇於跨出障礙，活出自我。

他的演講結束，我的淚如雨下。看到他的成長以及蛻

▲ 程彥儒

變，我相信過程再辛苦都是值得的。這一次彥儒得到第三屆說出生命力講演比賽的第三名，除了實至名歸以外，更值得嘉許的是我們都願意改變成為更好的人。

7.4 離地跳躍 張寶儀

寶儀一上台就說：我是一位腦性麻痺的患者，腦性麻痺是上天要送給我的禮物，所以任何時間它都會跟隨我，我必須想盡辦法和它和平共處，我們無法決定人生的起跑點，但是可以讓過程活得精彩，我用「體育」重新找回對生命的定義！

她從國小三年級開始就很想要學跆拳道，但是找不到一位願意收腦性麻痺患者的教練，所以只能尋找國外的影片去模仿學習影片中的動作，但是做出來的動作還是差很多。所以每天放學就偷偷地到川堂，躲在柱子後面偷偷看學校社團練跆拳道的樣子，真的好喜歡、好喜歡雙腳離地的那個瞬間。

腦性麻痺的她很難控制身體的平衡，但是，寶儀必須努

力克服腦性麻痺帶給她的功課。八年以後，終於找到一位願意收寶儀當跆拳道學生的教練。當她走進道館的哪一天，教練問她練跆拳道非常的辛苦你能撐得過嗎？

她說：能，我能。我一定要贏過昨天的自己。後來，訓練要求公平一視同仁，別人做幾下，我就要做幾下；別人踢幾腳，我就要踢幾腳。

於是，挫折、受傷、信心不足、自我懷疑甚至失去信心，並且留下無數的汗水。

有時寶儀練到失去耐心，教練會跟她說；孩子我們要花比別人更多的時間，才能補足我們的不足。雖然這條路會非常的辛苦，但是，你付出的一定會有收穫。

擦乾淚水，寶儀說：我要堅持的努力下去。

終於在 2017 年 2 月參加了台中市長盃跆拳道比賽，得到第三名

未來我相信寶儀會得到更多的獎牌與獎盃，因為這個過程寶儀已經建立自信與勇氣，希望台灣有更多更多的腦性麻

痺的患者或是其他障別的朋友可以嘗試各種不同的運動。

只有你心裡想要，只要你堅持夠久，你就會看見機會。讓我們的人生都要贏過昨天的自己。

寶儀的爸媽陪著她一起來參加比賽，我相信不用再多說什麼，從他們的眼神中，我看見滿滿的驕傲。

這也是舉辦說出生命力的活動，讓我感到滿滿感動的所在。

▲ 張寶儀

7.5 絕地武士 賴志銘

　　沒有了健康，就像一串數字一樣，那個數字是第一個數字，當那個數字，變成零的時候，後面的數字再多都沒有用。第一次去聽志銘演講的時候，他劈頭就這麼說。

　　我想再也沒有人像他的感觸這麼深了，曾經意氣風發的他，光電半導體專家賴志銘，是高雄中學傑出校友，也是中山大學物理研究所博士候選人，從小立志研究光電半導體，發表榮獲認證的專利 300 多件。

　　在一夕之間，2008 年 5 月，被確診為多發性硬化症（簡稱「ms」：multiple sclerosis）———一種自體免疫系統失靈，導致中樞神經病變，迄今全球無藥可醫的罕見疾病，下半身完全癱瘓，無法正常大小便、失去平衡感，每天一醒，身體器官就失去一種功能。

　　絕地武士尤達大師有句名言：「恐懼帶來憤怒、憤怒帶來憎恨、憎恨帶來痛苦。」因為無知帶來的恐懼，讓志銘有一段時間不知道怎麼跟疾病相處，他也曾埋怨老天爺為什

麼不把他帶走就好，當天看見年邁的雙親，無怨無悔的照顧他時，他就覺得父母親都沒有放棄我，我怎麼可以放棄自己呢？

在 2010 年 6 月 18 日，成功完成全台第一例靜脈氣球擴張手術，更棒的好消息，志銘在手術之後的 9 個月當中，不但能夠跑、跳，甚至還能夠騎腳踏車。

▲ 賴志銘

甚至創業作「無礙玩家」帶身心障礙者做無障礙旅行。

與其「憂心」，倒不如放心、開心的面對接下來的日子。

願大家面對生命轉變時，都可以變成變形金剛，升級變化。

多發性硬化症，這種罕見疾病不僅沒有困住志銘，更讓志銘明白生命的意義。將自己照顧好也將第一手的資訊與病友分享，榮獲周大觀文教基金會「2014 年第 17 屆全球熱愛生命獎章」。

現在的志銘有一位跟他一起打拼事業也同為多發性硬化症罕病的女朋友，人生只要不放棄，什麼可能都會發生。

7.6 為愛念詩 陳永松

三歲被診斷有重聽，聽損程度 100 分貝左右，從小講話只有自己父母聽得懂，別人聽不懂，沒有人要跟他做朋友，他的內心覺得很孤單。

到了高中，有個女同學很友善是個基督徒，永松很喜歡她卻不敢告白。

有一天永松跟女同學分享她很想交朋友很擔心大家聽不懂他說話，沒想到女同學自告奮勇地說：說話不清楚，我可以幫你翻譯。

大家都不相信永松可以參加演講比賽，甚至在他得獎的時候，給他一個大大的擁抱。「原來大家都對我很好！」，在與大家有更深一層的互動後，讓他更有自信的可以跟同學自在的相處。

到了 20 幾歲，永松才開始想要找語言治療師改善說話的方式，無奈很不順利的找了半年都找不到，還好後來因為老師的幫忙，他終於找到一位很不錯的語言治療師。

光是勾稽的「稽」、堆積的「積」、雞腿的「雞」，這3個字的發音就練了3個月。那時候經濟並不寬裕，語言治療的費用不是他可以負擔的，就暫時停止了。

　　沒有老師的教導，永松只能靠著朗讀，來維持讀音的練習，慢慢的就會發現沒有老師的教導，即使發音沒問題，但是會「沒有重音」的音準。

　　出社會工作幾年後，有足夠的經濟能力後，又開始請語言治療師幫助他發音的矯正。讓他也終於有機會可以跟喜歡的女同學告白，為愛朗讀「岳陽樓記」贏得美人芳心。對正常人來說，這是再簡單不過的事，他卻要練習了半年，才有勇氣說出口。

　　如果命運是最爛的編劇，爭取做自己人生最好的演員。

　　幸福就在不遠處，只要堅持到底，做自己最棒的拉拉隊！

▲ 第三屆說出生命力

Chapter 8

最好的安排

8.1 白馬的故事

有一則唐僧取經的寓言故事：（摘自何權峰：微笑，當生命陷落時）

唐僧玄奘前往西天取經時所騎的白馬只是長安城中一家磨坊的一匹普通白馬。這匹馬並沒有什麼出眾之處，只不過一生下來就在磨坊工作，身強體健，吃苦耐勞，從不搗亂。玄奘大師心想：西方路途遙遠，去時要做坐騎，回來時要負馱經書。況且自己的騎術又不是很好，還是挑選忠實可靠的馬吧。選來選去，就選中了磨坊的這匹馬。

這一去，就是十七年待唐僧返回東土大唐，已是名滿天下的傳奇英雄，這匹馬也成了取經的功臣，被譽為「大唐第一名馬」。白馬衣錦還鄉，來到昔日的磨坊看望老朋友。

一大群驢子和老馬圍著白馬，聽白馬講西天途中的見聞以及今日的榮耀，大家稱羨不已。白馬很平靜地說：「各位，我也沒有什麼了不起，只不過有幸被玄奘大師選中，一步一步西去東回而已。

這十七年間，大家也沒閒著，只不過你們是在家門口來回打轉。

其實，我走一步，你也在走一步，咱們走過的路還是一般長，也一樣的辛苦。」

眾驢子和馬都靜了下來。

是啊，自己也沒閒著啊，怎麼人家就「功成名就」，自己還是老樣子呢？

在我擔任理事長期間我常常思考這個問題我是一步步往前還是在原地打轉呢？這四年來我最常被問到的一個問題是「理事長，現在怎麼辦？」從來沒有人會跟我說：「慢慢來，我等你！」

很多人認為，對一個新成立的協會來說，我們真的是發展非常快速的。這麼短的時間可以找到一塊合適的地，一群人願意一起相挺出力。

做公益的第一桶金，來自於我的好朋友賴信良董事長的贊助，我們認識 7、8 年。我卻不明白他何來這麼大的善心

願意捐這麼多錢。

有一天我忍不住好奇的問他：你怎麼會這麼好心啊？

他說雖然我們認識這麼久了，今天我要告訴你一個秘密。

你知道我有三個孩子。不過我沒講的是：我的第一個孩子是男生，發育遲緩。終其一生都在床上渡過，沒有下床走過，18歲過世。

第二個孩子才是你知道的老大，她因為智能不足。高中畢業就待在家裡。你知道你現在做的事可以幫助多少個家庭，連我這種算有能力，經濟條件不錯的人，我都不會在「人」前提到這些事。對於一般的平民家庭，那真的是一輩子的痛。

我希望能幫你好好的做起來，以後我的孩子就麻煩你照顧了。

這是台灣多少家庭心中說不出來的痛！

全台灣有 114 萬的身心障礙者每 25 個家庭就有一位身心障礙者的存在。這數字是嚇人的，我們卻感受不到。因為大部分的問題都是被藏起來的。就像我的那位好朋友一樣，我們認識那麼久，我都不知道原來他家也有一位身心障礙者。

做公益，如果不要在原地打轉，要怎麼一步步向前？

在往前與打轉之間糾結不如就放手一搏吧！因為頂多做壞了，沒成功，與在原地打轉的結果差不多。如果不小心成功了，就不得了了。不僅日後多了一項可以炫耀的事蹟，而且還能留名青史，為自己添上一筆無限量的成就。

也藉此文章感謝裕昇開發企業有限公司已過世的賴信良董事長，對劉大潭希望工程關懷協會在公益上無私的付出，讓我們不但可以一開始就用飛快的速度往前走，創造了一點點小小的成績。雖然因為他的驟逝，帶給我們協會不小的災難。總是感恩，感恩有他開始的「第一步」，才有後來的「每一步」。

▲ 白馬的故事

8.2 取捨年會

憲福育創，真的是一個很可怕的協教組織。不只是老師很神，同學也是一群頂頂大名的神人階層。我覺得更離譜的是，只要認同這邪教的人，對於上課態度就是一個集點的概念，非得每一堂課都花過學費了，才會覺得安心。我完完全全信服憲哥福哥在課程設計、課後服務以及對子弟兵的培養與照顧，無私的付出與栽培。我常常覺得有師如此夫復何求換一個角度來說我也以憲哥當作我人生的目標能夠培養這麼多優秀的人實在不是用厲害二字形容的了！

憲哥贊助了 3 年，連續 3 屆的說出生命力講演比賽，出人又出錢廣為宣傳幫忙找參賽者，幫忙賣票、幫忙動員從第一屆工作人員 15 人包含講師第二屆工作人員 48 人，第三屆高達 76 人，這些都是自掏腰包自費高鐵車票住宿無給職，來自憲福育創的志工朋友們。

如果我能做點什麼樣的回饋，那也只有憲福的事就是我的事。憲福年會，公開徵求講者我一定要捨我其誰，好好展現。上台當個講者好好的分享，讓憲哥福哥這對再造父母能

夠以我為榮。

憲哥一出來號召時我想都沒想的就宣告 +1，等到主題確定甄選通過，我才開始有種「大事不太妙」的感覺。同台的講者有何飛鵬社長、葉丙成教授、還有 3 位 TED 講者：余懷瑾、朱為民、吳淋禎，洋洋灑灑寫完這些名字，我都覺得當時的我一定是瘋了。

我要講的題目是「就是要帶你環遊世界」這題目多歡樂，本來覺得這一次一定可以非常自信的分享。挑戰來了，這次年會的主題是「取捨」台下的觀眾不想聽我說歡樂的事，重點被放在「取捨」。

「取捨」對大眾來說也不是什麼難事，我們每天或多或少都會有取捨的選擇。我找了我的好朋友簡報大師斌哥來聽我演練，當我第一次演練完，斌哥說話了。

他說：妳有沒有看過鄉土電視劇，當劇情沒有曲折離奇，沒有高潮迭起，怎麼會有蕩氣迴腸的收視率？

妳的取捨，如果只是帶 2 個孩子選景點，然後省吃儉

用，就能環遊世界。這一點看頭都沒有。把妳「最糾結」為什麼要做這件事的原因說出來，這才是觀眾想聽的。

當這個點一被提及，我完全呈現一整個失控，一開口就是哭的狀態。只要練習，就是哭。眼淚像水龍頭壞了一樣，開關被打開了就止也止不住了。是委屈、是悲傷、還是難過，到底是什麼樣的情緒，我有點傻傻分不清楚。

被下了最後通牒，如果止不住眼淚，就別上台了。等妳好了，明年再來。

我的個性最不能接受「下一次再來」「明年再來」，如果可以一次做好，千萬不要「等」，馬上就去做。

「練到死，輕鬆打」我決定說一個放在我心中 9 年的秘密，從來不曾對外「公開」說過的故事。

我從來不敢說我是「單親媽媽」，女兒國小一年級時我想跟老師溝通對成績的要求，沒想到老師回答我：單親家庭的小孩都是這樣。我害怕我的孩子從此被貼上單親的標籤，我從來不說單親這個議題，我也不會跟任何人說我是單親媽

媽。

　　第一次公開說這個話題，最糾結的心情是過去的記憶要拿出來回憶。痛不會忘，會隨著時間變淡，沒有處理好的傷痛，如果重新複習，那個痛似乎也會加倍還給你，當初沒有修復的痛點如影隨形的跟著你。

　　就是因為自己深刻的體驗，我才會鼓勵參加說出生命力的身障朋友，說出來反而是一種療癒。傷痛，不要藏。

　　這麼多年了，我決定放過自己。站在台上說出「單親媽

▲ 取捨年會

媽」帶著兩個孩子環遊世界的故事。

8.3 就是要帶著你環遊世界

說到夢想，我想，99.9%的人其中有一項，一定是環遊世界。你會想要自己去，還是會找個伴同行？如果可以帶人去，你會選擇帶誰去？

2010年為了孩子的教育我回到台灣，在外商工作的我一年出國2、3次是很稀鬆平常的事。老闆最常跟我說：在我們公司工作，不用花錢旅行，就可以環遊世界了。公事出差，也沒辦法帶著未成年的子女。對我來說出國不是享受，反而成了一種折磨。

人在國外玩，卻是得時時刻刻擔心著在台灣的一切。

那一年5月去羅馬，8月去夏威夷，11月又去青島。去青島的那次出國前台灣才連日的豪大雨，我很擔心下大雨的天氣，還得騎摩托車載孩子上下課的媽媽。

找個開會的空檔打電話回家，問問孩子狀況好嗎？

女兒接的電話，她哭著說：「下好大的雨，我跟阿嬤都摔倒了。你怎麼還不回家？」她在電話的那頭哭，我在電話的這頭掉眼淚。

走在身為母親的旅途上，我不能沒有孩子。即使我已經在環遊世界的路上，我看遍全世界，沒有孩子的相伴，對我一點意義都沒有。

在我心裡所謂「幸福的定義」就是帶著你們一起環遊世界。

取捨之間最大的智慧是「心甘情願」。因為心甘情願，再苦都願意承擔。雖然因為孩子我放棄了外商高階高薪的成就，我擁有兩個很愛我的寶貝，每天都要跟我親親、抱抱，說我愛你。最愛吃的一家餐廳是「媽媽煮」，週末幾乎都是自己下廚在家裡吃飯，那是孩子認為最幸福的時光。

在我離開外商公司選擇自己創業後，這些年來我們已經一起走過 10 個國家 20 多個城市。即使出國自助旅行，沒有高級的物質享受，對孩子來說他記得的是在加拿大的某個公園裡玩飛盤很好玩。他會記得在上海的東方明珠塔裡全透

明懸空觀光廊，感受花式空中漫步。我們三個又驚又怕的擁抱在一起歡樂的嘻笑聲。

在願意為了擁有相信的理念而付出心甘情願之後，環遊世界也只是「出發」而已。我是就是要帶著孩子環遊世界的單親媽媽，辛苦卻是一個絕對值得的結果。

8.4 打通任督二脈

「我是哭屁啊！」聽完 19 位講者的分享，包含我自己取捨年會 20 位分享者，我心裡第一個出現的念頭是這個。

憲福年會在徵求講者分享時，我二話不說、當仁不讓的就說：我來！這麼勇敢的原因是，我以為講歡樂的題目，我一定可以勝任！

當芋頭傳來報名連結，我只利用了等紅綠燈的時間，打了三行文字，按下報名。一點糾結都沒有。在等待的日子，這個過程還經過了第 3 屆說出生命力，我想我大風大浪都見過了，本來沒在怕的。

不同於其他講者，我是被遴選的。有那麼一個瞬間，我竟然有：如果沒選上也好，明年理事長這職務卸任後，我可以有更多的時間可以好好準備。

說有多可怕就好多可怕，公佈我入選了再看到講者名單，有一種很想死的感覺。與眾神人同台，我竟然連演練的當天都與其他課程衝堂。除了心臟要很夠力，再來就要自己麻木不仁，才不會對得失計較。

好無奈的主題取捨，真的好難講。

每次練習每次哭，這些事情都過了好久，情緒卻沒有隨著時間而淡忘，就是過不去的翻騰啊！

斌哥指導時，何其殘忍的一直說：不夠深、不夠痛。歡樂的事不用多說，講最糾結的地方就好了！

我女兒看著我的糾結，還問我環遊世界到底有什麼好哭的。

對於我自己上台這件事，我的標準只訂在不要哭，順順的講完就好！

這一天還是來到了。

到現場，神人走位、對細節的要求精準明確，我反而很安靜的，心裡反覆的練習者。

淑慧是憲福學員中第一個上台的她，說家裡發生一氧化碳中毒。先生已經體力不支的倒下，救護車來時，面對兩個孩子誰要先上救護車的取捨糾結。

「哇！這換成要是我講，我應該又是一個哭到不行的場面了吧！」我的內心不斷的 OS。

面對吃素又失智的阿嬤要吃雞腿，是要給還是是不給。

面對女兒成績不好老師卻以成績當作入選芭蕾舞者的標準，孩子光溜溜的身體顛著腳一圈又一圈的轉著。

女兒的成績優異卻情緒異常的母親取捨。

小君的父母親還坐在台下，當她說著我不孤單、我一點都不孤單時，她心裡的糾結和父母親的不捨在那一刻沒有變

成眼淚。

最痛的不是哽咽也不是流淚，而是當我說著：我很好，你也知道我心裡的痛。

這一刻我似乎學會了下次演講，即便說到我最痛的點，我也可以好好說給你聽。

不哭，卻能講出是最糾結的痛。

套一句海威說的：如果你也身陷黑洞之中，記得問題永遠都是你自己造成的，只有你可以做選擇、只有你可以做決定，不要埋怨、不要糾結，因為你的情緒一點屁用都沒有！

我真的是弱爆了，在這個 20 位的講者的表現裡。不過，我學習到最多的是跟神人同台的 X 倍數快轉的晉級。

下一次有機會和神人同台，記得還是要當仁不讓、二話不說，我很享受這個升級的過程。

8.5 誰是弱勢

並不是每一位弱勢的朋友，在接受了幫助之後，都會心存感恩的。也有人會反咬贊助單位，很多光怪陸離的現象都會出現。

我最嘖嘖稱奇的是身心障礙的員工在離職後，去勞工局舉發協會，在調解會上說了一句「我是弱勢。」

「到底誰是弱勢？」這句話在我的心底千萬次來回的迴盪著。

「因為坐在輪椅上就是弱勢嗎？」「因為是弱勢所以可以工作不認真嗎？」

我想回到「做公益的初衷」來談談做這件事情的起心動念，當一名身心障礙協會理事長的意義之於我來說，「幫助人所帶來的快樂是任何金錢都無法代替的。」

只要有人的地方就有是非，「面對是非」你要選擇一個老鼠屎壞了一鍋粥，還是你願意相信人性本善。當你智慧不

足的時候，又覺得付出很多，卻又吃力不討好，請你相信所有的安排都是「最美好的」，所有發生在當下的選擇都是「最好的」。

「找出自己可以控制的部分，而不是只關注自己不能控制的部分」

千萬不要因為做公益的過程遇到不對的人就否定自己的付出都是失敗的。在那些美好中，是我們生命中最大的養分，當我看見許多的身心障礙朋友為了夢想不斷前行時，我就知道我沒有說放棄的權利，多走一步都是一步，夢想是啟程了，跪著都要走完。我用這樣的信念鼓勵自己。

我也用德雷莎修女的「讓高牆倒下」這一篇文章來鼓勵你，

「人們經常是不講道理的、沒有邏輯的和以自我為中心的

不管怎樣，你要原諒他們

即使你是友善的，人們可能還是會說你自私和動機不良

不管怎樣，你還是要友善

當你功成名就，你會有一些虛假的朋友和一些真實的敵
人

不管怎樣，你還是要取得成功

即使你是誠實的和率直的，人們可能還是會欺騙你

不管怎樣，你還是要誠實和率直

你多年來營造的東西，有人在一夜之間把它摧毀

不管怎樣，你還是要去營造

如果你找到了平靜和幸福，他們可能會嫉妒你

不管怎樣，你還是要快樂

你今天做的善事，人們往往明天就會忘記

不管怎樣，你還是要做善事

即使把你最好的東西給了這個世界，也許這些東西永遠

都不夠」

不論什麼理由都不要讓自己放棄了夢想的初衷，迎向光明面，總會看到希望。

8.6 逆風飛翔

「逆風是為了起飛，順風是為了遠航，當你處於逆境時，要知道自己正在成長、發展，並非一無所得，當你處於順境時，不要因為得意而怠惰，應該把握機會走更遠一點。」在書上看過這樣的一句話，聽說逆風是最好起飛的狀況，只是這種逆風如同在成功前的挫折跟困難，挺得住嗎？

這兩年的挫折與困難讓協會如同停擺，也有人跟我說：「協會做倒了就倒了，再做一個新的就好了。」這種話聽在我的耳裡真的是心如刀割。

換個方向思考，如果這兩年協會的運作是初期的順利，這麼容易的成功，我挺不挺得住現在經營上的問題。成功會來的這麼幸運嗎？我把這一切的困難都當作是逆風，等待風

起，只是為了「高飛」。

老鷹在練習飛翔時，每一次在懸崖邊奮力一跳，他有機會乘風而起當然也有可能會粉身碎骨，但是，沒有嘗試，你連存活的機會都沒有。

台灣錦鯉女王，鍾瑩瑩，在 TED 的演講中說到她自己的故事：

從千金小姐到村姑 因家道中落 而出來接棒

我誕生於 1977 年，生長在富裕的家庭，但在我 26 歲那年，因家道中落，我在 2003 年從一個美術老師投身養殖行業的時候，那年我在想一個問題就是：

「我們現在家道中落、負債累累，我要怎麼辦？」

所以我就去請教我爺爺，

他就跟我講說：「沒有關係啦！如果一天是分成 3 等份，你只要每天把你那 8 個小時過好，因為我現在都 80 好幾歲了，我也是每天把那 8 個小時過好，而我留給你的基業是，

我們培育出漂亮的錦鯉魚，而且它是全世界都不可以被取代的，所以你就好好做就好了。」

三分之一的人生？

我爺爺告訴我說：

如果你 30 歲以前在睡覺，30~60 歲要去上班上課，

60 到 90 歲你就可以做你想做的事，如果你是這樣算的話，

可是很不幸，我告訴你一個事實就是我 75 歲後不良於行，

就躺在床上，所以如果你身體不好，

搞不好你人生只剩 15 年能做你自己想做的事情，

而且你要確保你六十歲之後還是健康的，

所以不如把每天分成 24 小時，

你只要把三分之一的時間過好就好了。

我那時候 26 歲，我在想：

所以我要怎麼把每天的 8 個小時過的像自己？

做我覺得我應該做的事情，

我認真的思考，我需要的是什麼的東西？我需要的是照顧我的家人而已，並償還家中債務。那我只要努力賺錢就可以了，所以我非常努力賺錢，把魚賣到歐洲去，

在台灣一隻賣 50 塊，但是在歐洲一隻賣 700 歐元。

滿懷信心去參展

魚卻被偷了 …

所以我就去歐洲參加展覽，沒想到魚被人家偷走了，

在機場很好心的業者幫我載魚，結果載三天都載不到會場，我非常的沮喪，第一次在這個行業受挫，我信心滿滿帶著我的魚出國去參加比賽，怎麼辦？

明天要開展了，我租了最前面的位子，然後所有人都知

道來自亞洲錦鯉的產地要直銷，大家都要來看，怎麼辦？

那一天的晚上，我蹲在飯店的房間哭到抽筋，當時就覺得我是全天下最可憐的人，我都負債累累了，我還刷信用卡買機票，我只奢望這一筆我可以接到訂單，可是我現在連魚都沒有了，我怎麼去展示，我可以逃跑嗎？

還好，我很幸運，我身邊的顧問，他點醒了我，他淡淡的說：

「人生其實只是選擇題，沒有是非題」

今天因為我沒有錢，因為我選擇了冒險，並選擇來到歐洲拓展市場，剛好不小心我把魚放在別人車上讓他做了選擇，他選擇把價值一百多萬的魚載回家；還是選擇將魚載到會場給我？

人生路上，大家都在「選擇」

而我，也能「為自己選擇」

他選擇載回家，他只是做了選擇題而已，你說他多壞？

其實不一定，有很多理由讓他做了選擇，可是這個權利是誰給他的？

是我給他的，所以我那時候學到一件事就是：

「人生的路途上，你不一定指望要有人幫你，

因為大家都在做選擇題，

可是你可以為自己做一個選擇，你可以選擇在飯店哭泣，還是你站起來擦乾眼淚，

想想看既然發生這樣的事情，

我有什麼方法可以力挽狂瀾？」

面對魚被偷的窘境

我「選擇」這樣做...

隔天開幕時，我穿著旗袍，微笑的泡茶，所有人圍在我的展為那邊看我再賣魚，因為看不見（被偷走了），他們都感到滿頭霧水，

所以他們走過來問我你的魚在哪裡？

我就跟他們說：

「我很抱歉！你太晚了，昨天已經賣掉了」

當然我賣 0 元，我當時就遞上偷魚人名片，並告訴大家我的魚就在那裡，請大家去那邊看。當時現場就一片轟動，大家都說好厲害，亞洲來的還沒開幕就賣光了，然後大家都跟我要那個人的地址並跑去他們家看，那個人也很不知所措，就有人問他：

「聽說你買了那個亞洲女孩子的魚，全買了？」他只能回是。

大家看了魚後，覺得魚好漂亮，再跑回現場下訂單，這是我人生第一個挫敗。

享受挫折，並收集挫折，你可以找到成功的方法。

我覺得成就是在你每天 8 小時的時間，你認真的檢視自己。

我最後跟大家分享：

生命熱度的傳承，我三分之一的人生，我每天把 8 小時過好，因為我不知道我何時會死掉，然後我希望我們台灣的年輕人遇到挫折時要享受他，因為當你收集 111 個挫折的時候，

你可以找到成功的方法，你這個成功不是指成就，

而是你終於面對自己，你知道你自己可以面對挫折，你知道你可以在挫折中學到什麼，然後有一天你可以分享給別人。

（TED 完整影片 :https://youtu.be/nbLiaIIh4NM）

人生是一道道的「選擇題」，不是「是非題」。遇到了，我們就來拚個輸贏。蕭煌奇老師的逆風飛翔裡有一句歌詞是這麼說的：「逆著風也要盼望，很受傷也要勇敢。」送給每一位正在逆風飛翔的你。

8.7 夢想極光

霍金曾說過一句話，「記住要仰望星空，不要低頭看腳下。

無論生活如何艱難，請保持一顆好奇心。你總會找到自己的路和屬於你的成功。」

2000 年網路時代剛剛起步，我看到部落客凱莉分享去看極光，在極地氣候，相機結冰、眼睫毛都成了一根根的冰柱，那時候我就好想去看看北極的極光，找尋傳說中看見就會幸福一輩子的「歐洛拉」。當時太多的雜事纏身，也沒能成行。這件事，就這麼想著想著，放了 10 多年，孩子終於長大，工作也沒那麼忙，終於可以偷閒的去看極光時，卻遇到了百年難得的機會，福哥開課不上會後悔一輩子。就這樣，我又拖了兩年，一直到 2017 年 2 月我才真正的有機會揪了一團，去北極看極光。

2 月，一般來說都是農曆春節，工作上也沒那麼忙，正興奮著小小確幸要完成了人生夢想清單，家人突然急症住加

護病房，讓我非常措手不及得不知道該如何選擇。

「該去嗎？」萬一去的時候，天人永隔，我會不會更遺憾？

「不要去好了！」這一放手也不知道下一次會是什麼時候在有機會做這件事了？

連我揪團的團友們，大概都看出我的為難，甚至跟我說：我們都挺你，你不去我們都不要去了，也不要讓你為難。

正當我充滿了猶豫，家中的長輩說話了，「去吧！如果真發生什麼事，就當作是老天爺的安排吧！」

懷著非常忐忑的心飛往阿拉斯加，追尋我的夢想：傳說中，看見就會幸福一輩子的極光。

極光幾乎都是在半夜出現的，為了等待，我們必須白天休息，半夜出發。2月的北極平均氣溫 -30 度，到了半夜幾乎降到 -40 度以下，其中有一天甚至 -45 度。這是一個什麼概念呢？就是 100 度 C 的水，灑向空中，可以瞬間變成冰。

半夜等待極光的氣候，我們多半只能在有暖氣的車上等待。你也可以一直待在舒適圈裡，不要下車，也能微微得看見極光的光芒。

只要你願意走下車，離開你的「舒適圈」，你會發現極光的舞動極為明顯，銀河就在頭頂上，肉眼清楚可見。

我永遠記得那晚在漫漫長夜地等待下看見極光女神的降臨，熱情舞動的光影讓現場無數的人驚呼連連。沒有等待，怎麼顯得成果的可貴？沒有極地的氣溫，怎麼顯得台灣溫暖天氣的可愛呢？

還好一切都撐過來了，不管如何，人生都是要付出代價。有什麼是你願意付出代價也要完成的事，趁年輕趕快去做。往目標前進，因為只要沒有完成，你就會永遠惦念。做了，不管成功與否，一輩子都不會遺憾，因為我付出過。

幸福一輩子的極光，你看過了嗎？

▲ 北極看極光 ▼ 極光之旅

8.8 故事說到這裡

這本書早就寫完了，卻遲遲無法出版。等待的過程中我都想放棄了，無數放棄的理由，一遍遍從腦海中像跑馬燈依樣跑過。

我卻說不了放棄的話是因為在說出生命力的活動裡，有無數的勇者，他們遇過比我困難千萬倍的事情，他們仍然挺住用生命奮戰中。作為「理事長的我」，怎麼樣都說不出「我不做了」這句話。

「只要不放棄，就是成功。」

成功也只是比失敗多努力堅持了一次。

好幾次我都好想去死，不過，這過程我學到很多難得的經驗，我想要跟你分享：

1. 與其把選擇權交給別人，不如自己做

面對你害怕的事情，你想要請別人幫忙，你以為別人會幫你解決一切的難題，然後一切就會什麼都沒發生，回復到最初的模樣。你真的不用想太多，天底下真的沒有這麼好的

事。協會有一段時間官司不斷，面對官司我就想逃避，其中有一場官司，明明我有機會贏的，只因我的怯弱，我不敢站在被告的台上。我輸的好徹底，變得更慘。

2. 就算房子被查封也要搞清楚還有什麼路可以走

這個過程中最最離譜的就是我的房子被台糖查封。因為被查封，我非常的急而且慌亂，希望趕快拿回房子。當下沒有多想，承辦人員要我寫解除合約我就趕緊解約，要我去地政把地上權解除設定，我就趕緊去做，連想都沒有多想，一心一意的只想趕快的把房子拿回來。結果是，把自己搞的騎虎難下。承辦人員說，其實我們也是可以轉讓的，也不是一定要解約，合約裡都有寫，你自己沒有看清楚。說的真好啊！因為查封的不是你的房子，你當然可以說的輕輕鬆鬆。所以，遇到事情，真的急也沒有用，先靜下來分析，還有什麼路可以走。因為一步錯步步錯，想好再走，才不會錯更多。「急事緩辦」，古有明訓，這是我慘痛的教訓。

3. 放手拚搏一次，為自己改寫歷史

最後我決定「挺身而出，出來面對」。

2017/12~2019/6 舉辦了兩屆的說出生命力活動後，停擺了一年半，協會也停頓的一年半。這過程遇到「官司不斷」、「理事長交接事件」，我相信這時間的盤整，對整個協會或是對我來說都是「好事」。這些日子的沉澱，讓我能夠看明白公益的本身價值意義之所在，不管有沒有這些挫折的存在、人性的背叛，我都肯定「助人為快樂之本」的意義。即使我的房子被查封，我都認為「庇護工場」值得做。

這一次為自己拚輸贏，不是為其他人。謹以此書感謝每一位曾經參與說出生命力的每一位講者、每一位志工、每一位曾經給過協會幫助的你們。謝謝林岱樺委員、黃柏霖議員、吳益政議員、王啟圳建築師、葉銘進律師、蕭王平前議員、黃河洲董事長以及謝文憲王永福所領導的憲福育創、我的好姊妹張婕董事長。最後感謝我的家人雅雅、豪豪的懂事體貼，我的老闆 Wee 聯合辦公室創辦人劉祥德董事長在無數我低潮歲月裡，為我加油打氣。

這一次，我們一起更精彩，一起讓我遇見生命力的故事被更多人看見！

企管銷售 40

遇見生命力 跨越平凡的夢想

作者 / 李秋玉
發行人 / 彭寶彬
出版者 / 誌成文化有限公司

地址：116 台北市木新路三段 232 巷 45 弄 3 號 1 樓
電話：(02)2938-1078 傳真：(02)：2937-8506
台北富邦銀行 – 木柵分行 012 帳號：321-102-111142
戶名：誌成文化有限公司

封面、內文排版 / 張峻榤
總經銷 / 采舍國際有限公司 www.silkbook.com 新絲路網路書店
印刷 / 上鎰數位科技印刷有限公司

地址：新北市中和區中山路二段 366 巷 10 號 3F
電話： (02)8245-8786（代表號）
傳真： (02)8245-8718

出版日期 / 2019 年 5 月
ISBN：978-986-96187-6-2

定　　價 / 新台幣 280 元

Print in Taiwan ◎

國家圖書館出版品預行編目 (CIP) 資料

遇見生命力 跨越平凡的夢想 / 李秋玉著 . -- 臺北市：誌成文化，2019.05
面；　公分 . -- (企管銷售；40)
ISBN 978-986-96187-6-2(平裝)

1. 高雄市劉大潭希望工程關懷協會 2. 公益團體 3. 社會服務

547.933 108006727